INQUEBRANTABLE

JOHN ECKHARDT

CASA CREACIÓN
Para vivir la Palabra

Para vivir la Palabra

MANTÉNGANSE ALERTA;
PERMANEZCAN FIRMES EN LA FE;
SEAN VALIENTES Y FUERTES.
—1 CORINTIOS 16:13 (NVI)

Inquebrantable por John Eckhardt
Publicado por Casa Creación
Miami, Florida
www.casacreacion.com
©2015, 2021 Derechos reservados

Library of Congress Control Number: 2015944800
ISBN: 978-1-62998-784-2
E-book ISBN: 978-1-62998-795-8

Desarrollo editorial: *Grupo Nivel Uno, Inc.*
Diseño interior: *Grupo Nivel Uno, Inc.*

Publicado originalmente en inglés bajo el título:
Unshakeable
publicado por Charisma House,
Charisma Media Company, Lake Mary, FL 32746 USA
Copyright © 2015 John Eckhardt
All rights reserved

Visite la página web del autor: www.johneckhardtministries.com

Nota de la editorial: Aunque el autor hizo todo lo posible por proveer teléfonos y páginas de Internet correctas al momento de la publicación de este libro, ni la editorial ni el autor se responsabilizan por errores o cambios que puedan surgir luego de haberse publicado.

Impreso en Colombia

21 22 23 24 25 LBS 9 8 7 6 5 4 3 2 1

CONTENIDO

CAPÍTULO 1

EL PLAN MAESTRO DE SATANÁS PARA DESTRUIR LA HUMANIDAD

El espíritu de doble ánimo

El ladrón no viene sino para hurtar y matar y destruir.

—JUAN 10:10

E N 1886, EL autor escocés Robert Louis Stevenson escribió la novela de éxito de ventas titulada *El extraño caso del Dr. Jekyll y el señor Hyde*. La novela trata acerca de un abogado londinense, Gabriel John Utterson, que investiga la extraña relación entre su viejo amigo, el Dr. Henry Jekyll y el álter ego de Jekyll, el señor Edward Hyde. Según una fuente,

"La obra por lo general se asocia con una enfermedad mental poco común, a veces conocida erróneamente como 'doble personalidad', en donde dentro de la misma persona existen al menos dos personalidades distintas. En este caso, las dos personalidades en Dr. Jekyll reflejan el bien y el mal, con niveles de moralidad completamente opuestos".[1] Esta historia tuvo tal impacto en nuestra cultura e idioma que cuando vemos a personas comportarse de un modo y al minuto de otro completamente diferente, a veces decimos que son como "Jekyll y Hyde".

La historia de Stevenson está basada en ficción, pero desarrolla el problema de una doble personalidad. Hasta se ha integrado como una parte de nuestro idioma. Por supuesto que la mayoría de las personas no llegan al nivel de disfunción psicosomática como Jekyll-Hyde, pero la realidad imita a veces a la ficción en cierta forma. En este caso, el espíritu de doble ánimo que se menciona en la Biblia, se asemeja a Jekyll y Hyde en la vida de un creyente.

El espíritu de doble ánimo es un verdadero problema en nuestra sociedad, el cual Jesús puede sanar y liberar. Este se encuentra asociado al trastorno psicótico conocido como esquizofrenia, en donde la mente y personalidad de una persona se vuelven tan fragmentadas y atormentadas con delirios e inestabilidad, que finalmente es incapaz de funcionar en la sociedad.

La esquizofrenia a veces se asocia con la doble personalidad o doble identidad. *Schizo* es un término griego que significa "dividir, escindir, hender, romper".[2] La esquizofrenia severa es tratada por la psiquiatría con fármacos. Como se ve a través de la historia, se han utilizado hasta tratamientos con electroshocks para tratar las alucinaciones y delirios (demencia y enfermedad mental). Existen diferentes grados de esquizofrenia, pero la mayoría de estos no requieren hospitalización.

Si bien se encuentran varias definiciones de esquizofrenia desde el punto de vista psiquiátrico y médico, doy la definición bíblica según Santiago 1:8. Utilizo la expresión *doble ánimo* ya que la esquizofrenia se interpreta como una enfermedad mental grave, y la mayoría de las personas no contemplarían la idea de que podrían ser esquizofrénicas.

La psiquiatría utiliza la expresión "álter ego" (del latín *alter ego*, "el otro yo") que significa un segundo yo, que se cree ser distinto de la personalidad normal u original de una persona. El término fue acuñado en el siglo XIX cuando el trastorno de identidad disociativo fue descrito por primera vez por los psicólogos. Una persona que tiene un álter ego se dice que lleva una doble vida. Se denomina "alters" a las personalidades múltiples. Personalmente, creo que lo que la psiquiatría denomina alters no son más que demonios. Recuerde, los demonios tienen personalidades.

"El doble ánimo tiene un impacto psicológico, espiritual, emocional y cognitivo sobre la mente. Los psicólogos y psiquiatras lo abordan como un trastorno mental. Los ministros de liberación lo ven como un trastorno espiritual que debe tratarse por medio de la liberación. La Biblia coincide que una persona con una mente dividida tiene una enfermedad mental. 'El hombre de doble ánimo es inconstante en todos sus caminos' (Santiago 1:8)"[3], afirma el Dr. Pat Holliday.

La mayoría de las personas de doble ánimo se adaptan para convivir y tener cierto éxito; no obstante, aún tienen las características de un espíritu de esquizofrenia. Esto les ocasiona inestabilidad en cada área; falta de paz sobre lo que son, pueden o han alcanzado. No siempre pueden ir a una institución psiquiátrica que el mundo diagnostique como esquizofrenia.

Esta revelación sobre el doble ánimo y la esquizofrenia tuvo lugar durante el ministerio de Frank e Ida Mae Hammond, pioneros en el área de liberación y autores del clásico libro sobre liberación *Cerdos en la sala*. Tuve el privilegio de ministrar con Frank Hammond quien es un siervo del Señor humilde y gentil. Antes de su fallecimiento, le pedí que impusiera sus manos sobre mí, y creo que me impartió su pasión por enseñar sobre esta materia y ver a las personas ser liberadas.

LA NATURALEZA DIABÓLICA DEL ESPÍRITU DE DOBLE ÁNIMO

Entonces, ¿quién está afectado por el espíritu de doble ánimo? ¿Cuántos son? Frank e Ida Mae Hammond entendieron el espíritu de doble ánimo como el plan maestro de Satanás para destruir la humanidad. Experimentaron que "casi todas las personas que se acercan a nosotros para liberación tienen diversos grados de espíritus demoníacos que causan esquizofrenia".[4] Ida Mae afirma que "la esquizofrenia [o doble ánimo] constituye una perturbación, distorsión o desintegración del desarrollo de la personalidad".[5]

Algunos enseñan que los cristianos no pueden tener un espíritu de esquizofrenia, pero nótese que cuando Santiago dijo que "el hombre de doble ánimo es inconstante en todos sus camino" (Santiago 1:8) estaba dirigiéndose a los santos.

Extracción de *Barnes' Notes on the Bible* [Notas de la Biblia Albert Barnes]:

> Un hombre de doble ánimo (aquí se utiliza el término griego *dipsuchos*, y aparece solo aquí [Santiago 1:8] y en Santiago 4:8) significa alguien que tiene dos almas;

también alguien que es vacilante o inconstante. Se aplica a una persona que no tiene principios establecidos; que lo controlan las pasiones; que se deja influenciar por el sentir popular; se inclina por una opinión o comportamiento y después por otro.[6]

Un individuo en esta condición es siempre vacilante, indeciso, dudoso, cambiante e inconsistente. Los sinónimos de doble ánimo comprenden los términos indeciso, inconsistente, impredecible, imprevisible, irresoluto, vacilante, carente de resolución, inquisitivo, incrédulo, persistente, propenso a demorarse, carente de firmeza, inconstante, carente de control emocional, etc. El hombre de doble ánimo tiene problemas para tomar decisiones y sostenerlas. Debido a su inestabilidad, se encuentra siempre cambiando de parecer con respecto a las relaciones, carreras, ministerios e iglesias.

John Gill's Exposition of the Entire Bible [La Exposición de la Biblia entera de John Gill] lo explica de este modo:

> Un hombre de doble ánimo...un hombre de dos almas o de un doble corazón, quien habla y pide con doblez de corazón, como en el Salmos 12:2, que claudica entre dos pensamientos, y con incertidumbre sobre lo que ha de hacer o decir, indeciso sobre qué pedir; o que no es sincero ni justo en sus pedidos, que pide una cosa y significa otra, y pide mal, y con malas intenciones; no invoca a Dios en verdad ni con sinceridad en su alma, se acerca a Él con sus labios y lo honra con sus palabras, pero su corazón está lejos de Él. Tal hombre es inconstante en todos sus caminos; confundido en su mente; turbado en sus pensamientos; inestable en sus planes e intenciones;

inconsecuente en sus peticiones; inseguro en sus conceptos y en sus opiniones; y muy cambiante en sus acciones, específicamente en cuestiones sobre la religión; es siempre cambiante; nunca está seguro pero en continua incertidumbre, tanto en su manera de pensar como de actuar: nunca permanece, ya sea en una opinión o en la práctica, sino que es siempre cambiante.[7]

El doble ánimo es el polo opuesto de estabilidad, que significa que no cambia o falla; firmemente establecido, que no se mueve o altera fácilmente, que no se conmueve o dobla con facilidad, firme, estable, sin posibilidades de romperse, derrumbarse o hundirse; que no es volátil o varía raramente dentro de un margen estrecho; no está sujeto a enfermedades mentales o irracionalidad; fijo, firmemente establecido; no se mueve con facilidad. ¿Cuántos pueden decir que su personalidad cumple con esta descripción?

Dios no nos creó para ser personas inconstantes sino que nos creó a su imagen, y Dios no es inconstante. Él es el mismo ayer, hoy y siempre. Dios es confiable y coherente, y quiere que seamos como Él. El propósito de Dios es que tengamos una personalidad estable y no sufrir de personalidades múltiples. No debemos ir y venir como una pelota de ping-pong ni subir y bajar como un yoyo.

Dios desea que estemos firmes y constantes (1 Co. 15:58). Él sabe que la inestabilidad puede impedir que nos destaquemos.

Impetuoso como las aguas, no serás el principal, por cuanto subiste al lecho de tu padre; entonces te envileciste, subiendo a mi estrado.

—Génesis 49:4

Destacar significa superar a otros o ser superior en algún aspecto o área; hacer algo extremadamente bien.[8] Dios nos creó para que nos destaquemos en la vida, y para ello necesitamos estabilidad para sobresalir. El deseo y plan del enemigo es causar que la incredulidad, la duda, las preguntas, el razonamiento, la vacilación y la confusión gobiernen su vida. Los demonios vendrán a atacarlo, porque el diablo sabe que sin fe es imposible agradar a Dios. Sin fe es incapaz de recibir de Dios y de otros, y luchará continuamente para llenar esos vacíos de manera egoísta y por gratificación inmediata.

Si usted carece de una fe firme, se convertirá en una persona de doble ánimo; dos pensamientos, dos guerras libradas dentro de usted. Estos pensamientos se pueden convertir en dos personalidades distintas; y aunque usted (su personalidad real) sepa que debe tener fe, esta no dará fruto en su vida, del mismo modo que la inestabilidad lo sacudirá de un lado a otro.

Es por esto que en Santiago 4:8 vemos que aquellos que son de doble ánimo necesitan que su corazón sea purificado: "Acercaos a Dios, y él se acercará a vosotros. Pecadores, limpiad las manos; y vosotros los de doble ánimo, purificad vuestros corazones". En la medida en que nuestros corazones sean purificados a través de la liberación, crecemos en el amor por la Palabra de Dios y aborrecemos el espíritu de doble ánimo.

El Salmo 119:113 dice: "Aborrezco a los hipócritas, pero amo tu ley" (NVI). Según el *Comentario exegético y explicativo de la Biblia de Jamieson, Fausset y Brown*, este verso literalmente habla de "doble alma, 'personas inconstantes', 'hombres divididos', aquellos con una mente dubitativa y dividida (Santiago 1:8); 'un hombre de doble ánimo', escéptico o con conceptos escépticos en oposición a la certeza de la Palabra de Dios".[9] Como puede ver, ser de doble ánimo no es bueno.

Estas traducciones del Salmo 119:113 enfatizan un aborrecimiento por el espíritu de doble ánimo y otras maneras en las que se puede describir este trastorno espiritual:

Detesto a los que tienen *divididas sus lealtades*, pero amo tus enseñanzas.

—NTV, ÉNFASIS AÑADIDO

Odio a la gente *hipócrita*, pero amo tu enseñanza.

—DHH, ÉNFASIS AÑADIDO

No se puede ser de doble ánimo y amar la Palabra al mismo tiempo. El espíritu de doble ánimo te apartará de ella. Hay muchos que tienen divididas sus lealtades. Debemos aborrecer el espíritu de doble ánimo y rechazarlo. Debemos someternos a la liberación y solo sucederá si aborrecemos el espíritu de doble ánimo y deseemos ser libre.

¿Cómo entra el espíritu de doble ánimo?

Dos fortalezas componen la personalidad de doble ánimo —rechazo y rebeldía— y una raíz de amargura en segundo lugar. Estas interactúan como un cordón de tres dobleces que no son fáciles de romper.

El rechazo constituye la entrada al espíritu de doble ánimo. Los demonios que se asocian con el rechazo hacen prácticamente imposible que un individuo se convierta en la persona que Dios dispuso que sea. Están bajo el gobierno de estos espíritus y siempre se encuentran a sí mismos tratando de compensar su falta de desarrollo y confianza. Luego, se vuelven rebeldes para protegerse de ser heridos y que se aprovechen

de ellos. Junto con la rebeldía viene la amargura, amargura contra las personas y las circunstancias de la vida que les han causado todo tipo de heridas y traumas.

El espíritu de doble ánimo es un espíritu peligroso y demoníaco que hace que las personas sean llevadas de aquí para allá como si fueran pelotas de ping-pong, cambiando entre las dos falsas (demoníacas) personalidades (desde adentro y luego hacia afuera). Las personas de doble ánimo se encuentran siempre en un estado de inestabilidad. Alternan constantemente su personalidad de rechazo y su personalidad de rebeldía.

Como ya hemos empezado a analizar, el espíritu de doble ánimo es común para todos nosotros. Sin liberación por parte de Dios, nos enfrentaremos a este espíritu de manera recurrente.

Vivimos en un mundo de inestabilidad. Existen personas, madres, padres, familias, líderes, iglesias, naciones, gobiernos y economías inconstantes. Si usted es inconstante y convive con personas inconstantes, será una tormenta dentro de otra. Debe tener una personalidad estable y un fundamento inquebrantable en Dios, a fin de vivir en un mundo inconstante. La liberación y el desarrollo de una identidad santa constituyen la solución a este problema que va en aumento.

En los capítulos siguientes, analizaré con detenimiento cómo el espíritu de doble ánimo echa raíces en la vida de un creyente; daré ejemplos de cómo se revela a través de la Biblia; descubriremos los tipos de demonios asociados con esta personalidad y abordaremos cómo ser librado y convertirse en un creyente estable e inquebrantable.

Mi oración es que este libro abra su entendimiento sobre la materia de doble ánimo y le proporcione las llaves para una liberación, sanidad, restauración y victoria duraderas.

Ningún cristiano tiene que permanecer en un lugar en donde no pueda recibir lo que Dios tiene preparado.

> Así que, hermanos míos amados, estad firmes y constantes, creciendo en la obra del Señor siempre, sabiendo que vuestro trabajo en el Señor no es en vano.
>
> —1 CORINTIOS 15:58

CAPÍTULO 2

INCONSTANTE EN TODOS SUS CAMINOS

El doble ánimo en la vida diaria

Pero pida con fe, no dudando nada; porque el que duda es semejante a la onda del mar, que es arrastrada por el viento y echada de una parte a otra. No piense, pues, quien tal haga, que recibirá cosa alguna del Señor. El hombre de doble ánimo es inconstante en todos sus caminos.

—SANTIAGO 1:6–8

TODOS CONOCEMOS A personas, incluso nosotros, que a veces actúan como polos opuestos. Normalmente, el ministro que es devoto, piadoso y santo; a veces cae en pecado y perversión. El cristiano que vive una vida cristiana consolidada puede tener períodos de recaídas. La persona alegre y extrovertida puede padecer ataques de abstinencia y depresión.

La persona que es trabajadora y perfeccionista a veces tiene períodos de apatía y dejadez. La persona gentil y amable tiene momentos de arrebatos de ira. Parecería como si estuviera tratando con dos personas diferentes; esto es doble ánimo.

La frase griega para "doble ánimo" (*dipsuchos*) significa literalmente "dos almas". *Dis*, significa "dos" y *psuche* significa "mente"[1]. Tener dos mentes es sinónimo de confusión. Se denomina confusión a la falta de entendimiento, incertidumbre, una situación de pánico, desequilibrio.

El doble ánimo puede provocar una vida de malas relaciones. Las relaciones y compromisos requieren de estabilidad, y las personas inconstantes tienen dificultades para sostener una relación duradera y estable. Esto también afecta a las relaciones conyugales y es la causa principal de muchos divorcios. Asimismo, esta inestabilidad tiene implicancias sobre las familias y los niños, quienes necesitan a padres y un hogar estables en donde crecer. Afecta a las iglesias, ya que estas son agrupaciones que requieren de relaciones sólidas y afectuosas. Más grave aún, es que el doble ánimo también puede afectar la relación de una persona con Dios.

Ahora miremos más detenidamente cómo el doble ánimo y la inestabilidad pueden afectar todas las áreas de nuestras vidas. El conocimiento constituye la mitad de la batalla en la guerra espiritual y liberación.

¿Cómo el doble ánimo puede afectar nuestras vidas diarias?

> ¿De dónde vienen las guerras y los pleitos entre vosotros? ¿No es de vuestras pasiones, las cuales combaten en vuestros miembros? Codiciáis, y no tenéis; matáis y ardéis de envidia, y no podéis alcanzar;

combatís y lucháis, pero no tenéis lo que deseáis, porque no pedís. Pedís, y no recibís, porque pedís mal, para gastar en vuestros deleites.

¡Oh almas adúlteras! ¿No sabéis que la amistad del mundo es enemistad contra Dios? Cualquiera, pues, que quiera ser amigo del mundo, se constituye enemigo de Dios. ¿O pensáis que la Escritura dice en vano: El Espíritu que él ha hecho morar en nosotros nos anhela celosamente? Pero él da mayor gracia. Por esto dice: Dios resiste a los soberbios, y da gracia a los humildes.

Someteos, pues, a Dios; resistid al diablo, y huirá de vosotros. Acercaos a Dios, y él se acercará a vosotros. Pecadores, limpiad las manos; y vosotros los de doble ánimo, purificad vuestros corazones. Afligíos, y lamentad, y llorad. Vuestra risa se convierta en lloro, y vuestro gozo en tristeza. Humillaos delante del Señor, y él os exaltará.

—SANTIAGO 4:1–10

Al leer todo el contexto de cómo Santiago 4:8 se encuadra en el mensaje completo que el apóstol Santiago trataba de transmitir, nos da una idea más clara de cómo el espíritu de doble ánimo se manifiesta en nuestras vidas. Aun cuando parecería que amamos a Dios a la vista de los hombres, las pasiones en nuestro interior pueden estar en guerra. Santiago continúa diciendo que quien quiera ser amigo del mundo, se constituye enemigo de Dios. Esto es lo último que una persona quisiera ser. Ser una persona de doble ánimo es tratar de ser espiritual y amar a Dios; y simultáneamente ir detrás de las pasiones de este mundo. Esta dicotomía abarca situaciones que vemos en nuestras vidas y relaciones, desde nuestro círculo familiar hasta las interacciones públicas, tanto en una pequeña como gran escala y todo lo que hay en el medio.

Las guerras y los pleitos

> ¿De dónde vienen las guerras y los pleitos entre vosotros? ¿No es de vuestras pasiones, las cuales combaten en vuestros miembros?
>
> —Santiago 4:1

Las guerras y los pleitos vienen de las pasiones. La concupiscencia es una parte de una personalidad de rechazo, la cual causa confusión. Este es el huracán del espíritu de doble ánimo.

El espíritu mundano y la carnalidad

> ¡Oh almas adúlteras! ¿No sabéis que la amistad del mundo es enemistad contra Dios? Cualquiera, pues, que quiera ser amigo del mundo, se constituye enemigo de Dios.
>
> —Santiago 4:4

El espíritu de rechazo dentro de una personalidad de doble ánimo se une a una persona del mundo por amor; pero no es más que un sustituto de Satanás del verdadero amor. El espíritu de doble ánimo produce un espíritu mundano y carnal.

Este espíritu mundano se puede observar en la rebeldía de los adolescentes. Por lo general, los adolescentes participan en un estilo de vida de lujuria, perversión, drogas, etc.; y los padres se encuentran desesperados. Algunos signos del espíritu de doble ánimo se pueden ver en las perforaciones en la piel, tatuajes, vestimenta punk y gótica, vestimenta provocativa, adicción a las drogas, tabaquismo, escapadas, peleas, actividades de pandilla, blasfemia, falta de respeto por la autoridad, estilos de vida alternativos, depresión, tendencias suicidas y trastornos de abstinencia.

> Durante ya una generación, se diagnostica cada vez más de enfermedades mentales a los jóvenes estadounidenses con trastornos que se rebelan contra la autoridad y se los medica con fármacos psiquiátricos (Psicotrópico). Estos jóvenes, que son medicados con Ritalin, Adderall y otras anfetaminas, reportan rutinariamente que estas drogas les causa "preocuparse menos" sobre su aburrimiento, resentimientos y otras emociones negativas, lo cual los hacen más dóciles y manejables. Y los llamados antipsicóticos atípicos tales como Risperdal y Zyprexa, también llamados tranquilizantes mayores, se prescriben cada vez más en jóvenes estadounidenses con trastornos, aunque en la mayoría de los casos no manifiesten ningún tipo de síntoma psicótico.[2]

Los adolescentes de doble ánimo se han convertido en una epidemia. La mayoría no sabe por lo que están atravesando, pero la solución proveniente de Dios es la liberación y sanidad. Al doble ánimo también se lo conoce como agresión pasiva, pero es simplemente otra forma de rechazo/rebeldía.

La indecisión

> Y si mal os parece servir a Jehová, *escogeos* hoy a quién sirváis; si a los dioses a quienes sirvieron vuestros padres, cuando estuvieron al otro lado del río, o

a los dioses de los amorreos en cuya tierra habitáis;
pero yo y mi casa serviremos a Jehová.

—Josué 24:15, énfasis añadido

El espíritu de doble ánimo causa indecisión, la cual resulta en dilación, transigencia, confusión, olvido e indiferencia. La indecisión es uno de los problemas de mayor debilidad en la vida ya que esta se construye por medio de las decisiones. La indiferencia es una actitud que hace que una persona evite tomar decisiones. La dilación es otra forma de evitar las decisiones al postergarlas para más adelante. También se puede deber al temor en la toma de decisiones, así como también el temor de tomar decisiones incorrectas.

Nuestras elecciones allanan el camino para el éxito o el fracaso. A una persona de doble ánimo se le dificulta tomar decisiones y una vez tomadas, por lo general cambia de parecer. Esto hace que uno siempre vacile y cuestione sus propias decisiones.

A los cielos y a la tierra llamo por testigos hoy contra vosotros, que os he puesto delante la vida y la muerte, la bendición y la maldición; escoge, pues, la vida, para que vivas tú y tu descendencia.

—Deuteronomio 30:19

La Palabra de Dios nos anima a escoger sabiamente. Podemos escoger entre la bendición y maldición, y se nos ordena escoger la vida. Podemos escoger el temor del Señor y servirle a Él.

Nuestra vida es el resultado de nuestras decisiones. Elegimos nuestros caminos en la vida. Elegimos con quién nos casaremos. Cuando tenemos hijos, influimos en las decisiones que tomarán cuando crezcan. Escogemos en dónde trabajaremos, los amigos que tendremos, y los lugares en donde viviremos. La Biblia está llena de ejemplos de hombres y mujeres que tomaron malas decisiones y sufrieron las consecuencias. Asimismo, nos muestra la bendición en escoger con sabiduría.

Por lo general, el hombre de doble ánimo se paraliza cuando tiene que tomar decisiones. ¿Ha estado alguna vez alrededor de personas que no pueden decidir lo que quieren hacer en la vida? Esto resulta muy frustrante. El proceso de decidir, propiamente dicho, es el resultado de la sabiduría y una personalidad estable.

EL DOBLE ÁNIMO EN NUESTRAS FAMILIAS

El doble ánimo afecta nuestra habilidad para honrar y permanecer fiel a nuestros pactos. Un pacto requiere estabilidad, lealtad y fidelidad. ¿Cómo podremos guardar un pacto si somos de doble ánimo? ¿Cómo podremos mantener relaciones sólidas? Dios es un Dios que guarda sus pactos, y nuestra relación con Él está basada en uno.

El matrimonio es un pacto entre esposo y esposa. ¿Resulta sorprendente que tengamos tantos divorcios en y fuera de la iglesia? Existe un gran número de personas inestables que celebran matrimonios; no obstante, los de doble ánimo tendrán inestabilidad en sus relaciones. Continuaremos viendo matrimonios aquejados de problemas, a menos que se trate el espíritu de doble ánimo. Con un alto número de matrimonios que terminan en divorcios, no es sorprendente que el espíritu de doble ánimo sea un problema importante.

Palabras a los esposos y padres

Existen muchos hombres de doble ánimo que están casados y tienen hijos. Es necesario que en las familias haya hombres con personalidades firmes. Estos son llamados a ser los proveedores y protectores de la familia. Cuando sobrevienen los problemas, el esposo y padre deberían levantarse y decir: "Cariño, yo me ocupo, no te preocupes. Hijos, no se preocupen, todo está bien. Creo en Dios. Estoy en oración. Dios nos ha dado autoridad para atar y desatar, y tomo esa autoridad sobre el enemigo. Soy la cabeza de mi hogar. Diablo, no tienes poder para tocar a mi esposa, a mis hijos, ni a mi familia. No seremos destruidos porque confío en Dios. Soy la cobertura y sacerdote de esta casa".

Sin embargo, con frecuencia vemos a hombres débiles y de doble ánimo que dejan que sus esposas vayan a la iglesia y se ocupen de orar y creer, mientras que ellos se quedan en sus hogares mirando fútbol. Luego, cuando sobrevienen las pruebas espirituales, no saben cómo orar, atar al enemigo, ministrar liberación, levantarse en autoridad ni proclamar una escritura. Dejan a sus familias vulnerables a los ataques del enemigo.

Las familias del reino necesitan hombres espirituales que se levanten y proclamen: "Temo al Señor. Mi corazón está establecido, nada me moverá. Soy un hombre de Dios y no de doble ánimo, sino inquebrantable. Ya he tomado una decisión. Estoy establecido en Dios. No voy a vacilar ni dudar, sino que creo en Dios. Tomo el escudo de la fe para apagar todos los dardos de fuego del enemigo. No soy como Acab, de doble ánimo".

Animo especialmente a los hombres a tomar el mensaje de este libro, a levantarse y ser inquebrantables. Sea sanado y librado del espíritu de doble ánimo, y permita que Dios le dé equilibrio a fin de que su personalidad pueda madurar en Cristo. Como analizaré en el último capítulo sobre el Salmo 112, usted puede ser un hombre que no tenga temor de malas noticias porque su corazón está firme, confiando en el Señor. Establezca su corazón en Dios y tome una decisión firme de servirle y amarle a Él con todo su corazón. Sea un hombre de Dios. Ame su Palabra y su Espíritu. Ame lo que es justo y santo. Ame las cosas de Dios y declare que no se avergonzará de ser un hombre de Dios en todos sus caminos, sin andar en iniquidad.

Otros hombres pueden flaquear y embriagarse, ser fornicarios, mentirosos y engañadores. Otros pueden no querer casarse, formar una familia o sostener un pacto. Pero esto no es a lo que fue llamado a ser, hombre de Dios. Esto no es lo que debería querer para su vida. Usted puede ser un hombre de Dios que ama a su esposa, ama a sus hijos, ama al prójimo; ser santo y limpio de corazón; amar la oración, amar la adoración, amar cantar y amar hablar sobre las cosas de Dios. Sí, usted puede ser un hombre de Dios cuyo corazón esté establecido. Puede estar seguro de su identidad, de sus convicciones y en quién ha creído. Puede ser inquebrantable.

EL DOBLE ÁNIMO Y SU SALUD FÍSICA

> El corazón alegre constituye buen remedio; Mas el espíritu triste seca los huesos.
> —PROVERBIOS 17:22

Chris Simpson de *New Wine Media* nos enseña sobre los efectos que la fortaleza del rechazo puede tener sobre la salud física de una persona. Afirma lo siguiente:

¿Sabía que el rechazo puede afectar su físico? Puede secar sus huesos. Por lo general, es el "internalizador" que tiende a enfermarse a causa del rechazo. ¿A qué se debe? Se debe a que el rechazo produce ira, y usted tiene que hacer algo con su ira. Si la entierra en su interior, encontrará un camino hacia la superficie. Si vive en negación con relación a su ira, luego será una persona resentida y amargada. Estas actitudes pueden ocasionar problemas físicos.

He visto con frecuencia a personas que fueron sanadas de inmediato cuando perdonaron a quienes los habían herido, y cuando renunciaron a la amargura y el resentimiento en sus vidas. Es asombrosa la rapidez con la que el Espíritu Santo sana y vivifica a los huesos secos. Muchas enfermedades y dolencias físicas se originan debido al rechazo y a la amargura: problemas en la piel, dolores de cabeza, alergias, dolores de espalda y cuello, rigidez en las articulaciones, artritis, dolores, estrés, nerviosismo y varias otras enfermedades.[3]

Lo que se comparte aquí, también lo he visto en mis casi cuarenta años en el ministerio de liberación. Cuando he impuesto mis manos sobre un individuo para liberación de su amargura, ira y falta de perdón, descubro que el rechazo y la rebeldía son la raíz de sus problemas. Por lo general, también son sanados de varias enfermedades físicas tales como enfermedades cardíacas, cáncer, artritis; y aún más cuando perdonan y son libres de amarguras.

Profundizaré en un capítulo más adelante la correlación que existe entre el espíritu de doble ánimo y el espíritu de enfermedad. Por el momento, sepa que el rechazo puede conducir al autorechazo, el cual se manifestará en su cuerpo a través de enfermedades. Vemos un aumento en diagnósticos de enfermedades autoinmunes y sus causas son en su mayoría desconocidas. Tiroiditis, artritis, diabetes de tipo 1, ciertos tipos de cáncer y enfermedades coronarias, lupus, varios tipos de alergias y asma se encuadran dentro de los tipos de enfermedades autoinmunes. Los síntomas de las enfermedades autoinmunes por lo general se manifiestan luego de que una persona experimenta una pérdida devastadora, sufre un trauma o se encuentra excesivamente estresada durante un período prolongado.

EL DOBLE ÁNIMO EN LA IGLESIA

La fortaleza de doble ánimo se extiende en nuestras iglesias. El ciclo de rechazo y rebeldía y luego amargura está destruyendo a la Iglesia. La gente se va de la iglesia debido al rechazo por parte de los líderes. Los líderes se enfadan a causa del rechazo y la rebeldía, los cuales conducen a división. Todos hemos visto o experimentado el efecto del doble ánimo en la Iglesia.

Existe tanto dolor y amargura en la Iglesia, así como también líderes y creyentes ofendidos. Es por esto que muchos creyentes sienten que su iglesia no funciona en lo sobrenatural con señales y maravillas y sanidades y liberación. El poder de Dios no puede manifestarse en ninguna iglesia que esté llena de tanta amargura. La falta de perdón y amargura detendrán el mover de Dios. Estas cosas endurecen los corazones de las personas e imposibilita a que el Espíritu de Dios se mueva con libertad. La Biblia dice que Dios salva a los contritos de espíritu (Vea Salmos 34:18). El quebrantamiento y el arrepentimiento son necesarios. No puede haber un avivamiento cuando la amargura reina en los corazones de los creyentes. La amargura es un veneno que contaminará a la Iglesia.

Es por esto que el ministerio de liberación es hoy en día tan necesario. Hebreos 12:15 dice: "Mirad bien, no sea que alguno deje de alcanzar la gracia de Dios; que brotando alguna raíz de amargura, os estorbe, y por ella muchos sean contaminados".

Veamos otras formas en las que el espíritu de doble ánimo afecta nuestras vidas en la Iglesia.

El espíritu de rebelión y las divisiones en la Iglesia

Absalón es la figura bíblica del espíritu de rebeldía. Era el hijo del rey David. Las partes relevantes de su historia se relatan en 2 Samuel 13-19. Absalón estaba lleno de rencor, venganza y violencia luego de que su hermano Amnón había forzado a su hermana, Tamar. Debió haber sentido que no se había hecho justicia por su hermana, y probablemente estaba en lo cierto. Las cosas eran diferentes para las mujeres en ese entonces. Absalón llevó la vergüenza, la culpa, el rechazo, el dolor y la amargura de su hermana. La Biblia relata que esperó dos años para vengarse de su hermano (2 Sam. 13:23-29). Esto quiere decir que por dos años estuvo lleno de odio y amargura contra su hermano. Finalmente, sus hombres hicieron el trabajo sucio y mataron a Amnón. Luego, Absalón se ocultó por temor a su padre.

Durante el exilio de Absalón, David no fue a verlo. No obstante, el mensajero del rey, Joab, se presentó ante el rey a favor de Absalón y le pidió si se le permitía a Absalón volver a su casa en Jerusalén. El rey concedió su petición pero todavía no vería a su hijo ni se presentaría ante él.

Una vez más, Absalón se apoyó en Joab como su defensor, y finalmente David le concedió su petición; pero para este entonces, un espíritu de rechazo ya se había establecido en el corazón de Absalón. Volvió a Jerusalén y comenzó a esparcir semillas de desconfianza y discordia entre las personas del reino. En 2 Samuel 15:2-6 dice:

> Se levantaba Absalón de mañana y se ponía a un lado del camino junto a la puerta, y a cualquiera que tenía pleito y venía ante el rey a juicio, Absalón lo llamaba y le decía: "¿De qué ciudad eres?". Él respondía: "Tu siervo es de una de las tribus de Israel". Entonces Absalón le decía: "Mira, tus palabras son buenas y justas; pero no tienes quien te oiga de parte del rey". Y añadía Absalón: "¡Quién me pusiera por juez en el país, para que vinieran ante mí todos los que tienen pleito o negocio, y yo les haría justicia!". Cuando alguno se acercaba para postrarse ante él, le tendía la mano, lo abrazaba y lo besaba. De esta manera hacía con todos los israelitas que venían ante el rey a juicio; y así les robaba Absalón el corazón a los de Israel.

Tras repetidas acciones como esta, Absalón conquistó los corazones del pueblo. Se estableció como un líder a sus ojos a espaldas del rey David. Después de cuatro años, Absalón determinó llevarse a otra ciudad, Hebrón, a las personas que le habían prometido lealtad, y proclamarse asimismo rey. Sus seguidores crecieron de tal manera que David temió por su propia vida y huyó de Jerusalén. Cuando David partió de Jerusalén, Absalón volvió de Hebrón como rey. Intentaba usurpar el lugar ungido de David como rey de Israel, pero su plan no prosperó.

David pudo reunir sus propias tropas que le habían permanecido fieles y fue forzado a contraatacar a su propio hijo. Finalmente, pasando por debajo de las ramas de una gran encina, Absalón quedó enredado con sus cabellos. El mensajero de David, Joab, lo encontró allí y lo mató. La rebelión de Absalón causó estragos y una gran división en la nación de Israel.

Esto es lo que el doble ánimo puede provocar en una iglesia. Los líderes o miembros de una iglesia pueden ser heridos u ofendidos por otros líderes o miembros. Comienza con el rechazo, luego la rebeldía y finalmente la amargura los conducen a buscar la destrucción de toda la Iglesia, de la misma forma en que Absalón intentó destruir el reino.

En base a lo que acabamos de ver sobre la vida de Absalón, existen doce etapas por las que las personas atraviesan cuando son influenciadas por el espíritu de rebeldía. Las siguientes características se ven en muchas iglesias y organizaciones cuando no se lucha contra este espíritu:[4]

1. Espíritu de independencia: Una actitud de independencia surge cuando una persona ya no quiere sujetarse a un líder, sino que busca su propio reconocimiento y reputación.
2. Autopromoción: La persona actuará para obtener el aprecio de los hombres. En 2 Samuel 15, Absalón robó el corazón de las personas.
3. Orgullo espiritual: En la medida que las personas reconozcan y elogian a la persona engañada, comenzará a creer que es más espiritual que los líderes.
4. Espíritu ofendido: Cuando un líder no promueve las ideas y talentos de una persona

rebelde como este cree que debería, se siente sumamente ofendido. Se llena de orgullo y, por lo general, busca a otros que estén de acuerdo con él en su ofensa.

5. Espíritu de crítica: Al igual que Absalón con su padre, David, la persona rebelde cuestiona y socava casi todas las decisiones del líder delante de otros. A causa de este espíritu de crítica, la persona en rebeldía ya no recibe ninguna atención o dirección por parte de los líderes.

6. Espíritu competitivo: La persona rebelde busca competir con los líderes y comienza a distorsionar y tergiversar las decisiones y directivas que estos dan.

7. Conflictos y división: La persona rebelde compartirá sus ofensas con muchas personas en la iglesia u organización y difundirá su descontento a través de diversos medios.

8. Acusación contra el líder: El espíritu de crítica y acusación se vuelve a manifestar en esta etapa por la persona rebelde, al insistir sobre las cosas que encuentra injustas en los líderes. Estas cosas por lo general no se relacionan con las cualidades espirituales de Dios, sino que critica sobre qué tipo de automóvil maneja el pastor, cuánto tiempo le lleva tomar las ofrendas, etc. Comparte estas cosas con aquellos que le han seguido la corriente a fin de ganar mayor lealtad.

9. Infidelidad abierta y división: En esta etapa, la persona rebelde siente que tiene el apoyo

suficiente para exponer su deslealtad y rebelión a la luz. Los líderes se dan cuenta de la división, y ahora aquellos a quienes ha llevado a la rebelión se ven forzados a decidir entre los líderes y el Absalón que los ha engañado.

10. Conspiración sólida: La persona rebelde justifica a todos su conspiración al concentrar su atención en todas las faltas menores dentro del liderazgo. Por lo general estas cuestiones no son válidas. No se encuadran en el nivel de cosas tales como la predicación de falsa doctrina o estar involucrado en pecado flagrante.

11. División de la Iglesia: Sucede cuando el líder de la rebelión guía a un grupo disidente ingenuo hacia el nacimiento de una nueva iglesia, ministerio u organización. Anuncian el comienzo de una nueva visión.

12. El juicio de Dios a la Iglesia rebelde: La Biblia dice: "O haced el árbol bueno, y su fruto bueno, o haced el árbol malo, y su fruto malo; porque por el fruto se conoce el árbol". (Vea Mateo 12:33). Toda organización que comienza con una persona con el espíritu de Absalón, estará llena de rebeldía, deslealtad y divisiones constantes.

Regido por la amargura y el orgullo, el espíritu de rebeldía de Absalón tratará de ganar influencia a través del engaño, adulación y traición. El pastor Chew Weng Chee además esboza seis características sobre el progreso de la manifestación de este espíritu en la Iglesia u organización. Debemos conocer cuándo comienzan a tener lugar estas etapas:[5]

1. El espíritu de Absalón planta dudas y lanza insultos al liderazgo ordenado por Dios. Critican a los pastores o líderes, dicen que no les importan, y que no los desarrollan.
2. El espíritu de Absalón utiliza la amabilidad, dádivas y favores como medio para ganar los corazones de la gente. Se esfuerza para construir cuidadosamente una imagen que impresione.
3. El espíritu de Absalón necesita un público para prosperar. Puede dirigirse a 2000 personas, pero no a dos. Si no hubiera una audiencia, se va a otro lugar. Buscan a personas en necesidad, descontentas, los que son antiestablecimiento. Son muy peligrosos.
4. El Absalón hace promesas que no tiene intención de cumplir.
5. La falta de perdón y la amargura son las causas fundamentales para que este tipo de espíritu pueda brotar. Algunas personas están heridas y ofendidas porque el pastor las hirió, o porque los líderes les hicieron daño. Fuimos llamados a perdonar, y a no dar lugar para que el espíritu de Absalón trabaje. Se nutre de ofensas. Tenemos que perdonar y seguir adelante con nuestro objetivo de construir el Reino de Dios. (Desafortunadamente, esto no es lo que muchos creyentes hacen).

6. El espíritu de Absalón es capaz de engañar
aun a los escogidos y ponerlos de su lado. La
persona más sabia, Ahitofel, fue engañado.
Era el consejero más sabio de David y su
traición afectó a David significativamente. (Vea
2 Samuel 15:31-35).

La incredulidad y la rebeldía

> Mas el justo vivirá por fe; y si retrocediere, no
> agradará a mi alma.
> —HEBREOS 10:38

La incredulidad y la rebeldía son otras actitudes que he visto como un patrón en muchos creyentes. He visto creyentes entregarse a Cristo y luego apartarse y volver al mundo. Luego vuelven y repiten este proceso una y otra vez, lo cual es desgarrador. La incredulidad y la rebeldía son manifestaciones del doble ánimo, que oscilan entre dos estilos de vida. También fueron las razones de aquellos en la iglesia primitiva que se apartaban de la fe. Muchos de los hebreos volvieron al sistema del antiguo pacto. Oscilaban en su fe, lo cual es una manifestación del espíritu de doble ánimo.

Estos cristianos estaban en guerras y pleitos los unos contra los otros y Santiago les ordenó que se humillaran y limpiaran sus manos (Santiago 4). Note en este mismo pasaje que los espíritus de concupiscencia y orgullo son predominantes en el doble ánimo, así como también la discordia, contienda y el adulterio. Adulterio significa infidelidad a un pacto y puede relacionarse con la rebeldía y apostasía. Algunos de estos creyentes se apartaron de Cristo y se volvían al mundo; Santiago se refirió a ellos como pecadores (v. 8).

El espíritu de doble ánimo produce incredulidad y duda. La rebeldía y la apostasía pueden ser manifestaciones del doble ánimo. El profeta Jeremías reveló que el remedio para la rebelión es la sanidad o, en otras palabras, la liberación (Jer. 3:22).

¿Es usted de doble ánimo en su caminar con Cristo? ¿Tiene un pasado de rebeldía y de apartarse de la fe? ¿Ha dado lugar al espíritu mundano y carnal? ¿Se quiebra ante la presión o persecución y se vuelve a las cosas de este mundo? Todas estas son manifestaciones del doble ánimo.

El hombre de doble ánimo no es lo suficientemente estable para enfrentar los desafíos que por lo general sobrevienen por ser creyentes. Muchas veces se aparta o se revela. Debemos mantener un equilibrio si queremos caminar siempre con Dios. La respuesta se encuentra en la liberación, y estoy comprometido a lograr que esta verdad se enseñe en la Iglesia.

Una mirada más profunda sobre la rebeldía en el Antiguo y Nuevo Testamento

Las palabras hebreas para el término *rebeldía* son *mshuwbah*, que significa "apostasía: estar en rebelión, apartarse"[6]; y *sarar*, que significa "apartar, es decir, (moralmente) ser obstinado. Rebeldía, sublevación, retroceso, terquedad, renuncia".[7] Otros términos provenientes del hebreo, *shobab* y *shobeb*, se interpretan como "apóstata, es decir, idólatra, rebelde, atrevido, que se aparta (del borde)"; "pagano, rebelde".[8]

Israel era una nación de doble ánimo, pactaba y rompía los pactos con Dios. Los israelitas no eran consecuentes en su fidelidad a Dios. En otro capítulo, hablaré específicamente sobre las enseñanzas de su caminar con Dios; pero aquí me gustaría resaltar algunos aspectos como ejemplos de cómo su historia nos muestra su fe y obediencia inconsistentes hacia Dios.

Israel era culpable de sublevación, rebelión, alejamiento, terquedad, idolatría, y de actuar al igual que las naciones paganas que la rodeaban. Sin lugar a dudas, este retroceso crónico es una manifestación del espíritu de doble ánimo.

Pare de titubear

Considere estas traducciones del Salmo 26:1:

> Hazme justicia, oh Señor, porque yo en mi integridad he andado, y en el Señor he confiado sin titubear.
>
> —NBLH

> Júzgame, oh Jehová, porque yo en mi integridad he andado; he confiado asimismo en Jehová sin titubear.
>
> —RVR

> Dios mío, declárame inocente, pues vivo una vida honrada y en ti confío ciegamente.
>
> —TLA

> Declárame inocente, oh Señor, porque he actuado con integridad; he confiado en el Señor sin vacilar.
>
> —NTV

> Salmo de David. Júzgame, oh Jehová, porque yo en mi integridad he andado: Confiado he asimismo en Jehová, no vacilaré.
>
> —RVA

El término hebreo utilizado en estos versículos para "titubear", "dudar" o "vacilar" es *maad*, que también significa "hacer temblar".[9]

Poco después de la venida del Espíritu Santo en el día de Pentecostés, muchos creyentes perseveraban en la doctrina de los apóstoles, en la comunión unos con otros, en el partimiento del pan y en las oraciones. (Vea Hechos 2:42). Esto es lo opuesto al doble ánimo.

En la medida en que los creyentes aumentaban en número y en su fe, también crecía la persecución, la cual causaba desánimo. Se les advirtió de que su firmeza no cayera: "Así que vosotros, oh amados, sabiéndolo de antemano, guardaos, no sea que arrastrados por el error de los inicuos, caigáis de vuestra firmeza" (2 Pedro 3:17).

El diccionario Strong define el término firmeza con la palabra griega *stereóma* y *stérigmos*, ambas significan "algo establecido, es decir, (en lo abstracto) confirmación (estabilidad) – firmeza"; "estabilidad (figurativamente) – firmeza".[10]

Cuando la epístola de Santiago fue redactada, había un gran sufrimiento entre los primeros cristianos, y muchos debilitados en su fe. Una gran mayoría se alejó de su fe y se tornó de doble ánimo en su caminar con Dios. La apostasía se constituyó en un problema importante en la iglesia primitiva, y esto era el resultado del espíritu de doble ánimo. Santiago los animaba a que permanezcan firmes en el Nuevo Pacto y en su devoción a Dios.

A modo de ejemplo, la iglesia de Colosenses fue destacada por su firmeza.

> Porque aunque estoy ausente en cuerpo, no obstante en espíritu estoy con vosotros, gozándome y mirando vuestro buen orden y la firmeza de vuestra fe en Cristo.
>
> —Colosenses 2:5

En Santiago 1:6 se describe la escena de una tormenta:

> Pero pida con fe, no dudando nada; porque el que duda es semejante a la onda del mar, que es arrastrada por el viento y echada de una parte a otra.

El espíritu de doble ánimo se asemeja a una tormenta o huracán. Cuando dos personas inconstantes colisionan, son como una tormenta dentro de otra tormenta. ¿Tiene un pasado de relaciones tormentosas? ¿Se encuentra la iglesia llena de matrimonios tormentosos? ¿Existen tormentas en su iglesia y ministerio? Si su respuesta es afirmativa, entonces está frente a un espíritu de doble ánimo.

Los falsos ministros que tuercen las Escrituras

> Casi en todas sus epístolas, hablando en ellas de estas cosas; entre las cuales hay algunas difíciles de entender, las cuales los indoctos e inconstantes tuercen, como también las otras Escrituras, para su propia perdición.
>
> —2 PEDRO 3:16, ÉNFASIS AÑADIDO

Los ministros inconstantes y de doble ánimo tuercen las Escrituras. Las personas inconstantes no pueden manejar la esencia de la Palabra. Estoy convencido de que las sectas son dirigidas por líderes de doble ánimo, líderes inconstantes a quienes siguen personas inconstantes. Estos líderes también son controladores, lo cual es una parte de la personalidad de rebeldía.

Esta es una característica en general de los apóstoles y ministros falsos:

Porque éstos son falsos apóstoles, obreros fraudulentos, que se disfrazan como apóstoles de Cristo... Pues toleráis si alguno os esclaviza, si alguno os devora, si alguno toma lo vuestro, si alguno se enaltece, si alguno os da de bofetadas.

—2 Corintios 11:13, 20

Los falsos ministros se enaltecen a sí mismos y le dan bofetadas en la cara. Son considerados abusivos y controladores. Estas son todas características de una personalidad de rebeldía (similar a lo que se ha enseñado sobre el espíritu de Jezabel).

Los falsos ministros también son engañadores. Operan en engaño con falsas revelaciones. Esto constituye una parte de la rebeldía, al igual que la hechicería (control, posesividad).

Las personas inconstantes se sienten atraídas a las sectas y a un sistema legalista. Controlan a las iglesias ya que buscan sentirse identificados. Cuando un individuo no tiene una identidad, encontrará una al juntarse con lo que considere un grupo "especial". Se encontrará bajo el control de líderes falsos e inconstantes que también son de doble ánimo.

Los predicadores inconstantes tienen demasiados problemas. Hay demasiadas personas cuyas identidades giran en torno a ser apóstoles, profetas, evangelistas, obispos, etc. Por lo general, tuercen las Escrituras y elaboran toda clase de "revelaciones". Repetidamente, veo este problema en el ministerio, y la falta de liberación en la Iglesia es la razón por la cual vemos a tantas personas de doble ánimo sin sanar, incluso entre los líderes. Tenga cuidado de formar parte de un ministerio de "Saúl", el cual analizaré en el capítulo siguiente.

Debemos asegurarnos de que los líderes en nuestros ministerios sean personas estables. Tener dones no es el único requisito, el carácter es también importante. Cuanto más sepamos acerca del espíritu de doble ánimo, mejor podremos identificarlo dentro de nosotros y recibir liberación. No podemos permitir que la confusión se extienda en la Iglesia.

Al iniciar el próximo capítulo, el cual trata sobre las menciones del espíritu de doble ánimo en la Biblia, quizás el Espíritu Santo comience a mostrarle algunas tendencias de doble ánimo en su vida. El Señor puede estar llamándolo a tener más estabilidad en ciertas áreas. No menosprecie la convicción del Señor. Él corrige a aquellos que ama; y son el amor y la gracia de Dios las que nos llaman al arrepentimiento. Es a través del arrepentimiento y la liberación que somos capaces de establecernos en Él y caminar de manera íntegra a fin de recibir todos los beneficios de ser sus hijos.

Lo animo a que continúe leyendo los próximos capítulos de este libro en oración y con un corazón contrito, abierto al Espíritu de Dios. Él puede querer revelarle cosas sobre usted que, de recibir sanidad en esas áreas, podría impulsarlo al siguiente nivel.

> Crea en mí, oh Dios, un corazón limpio, y renueva un
> espíritu recto dentro de mí. Los sacrificios de Dios
> son el espíritu quebrantado; al corazón contrito y hu-
> millado no despreciarás tú, oh Dios.
> —Salmo 51:10, 17

CAPÍTULO 3

ATRAPADO ENTRE DOS PENSAMIENTOS

El doble ánimo en la Biblia

Y acercándose Elías a todo el pueblo, dijo: ¿Hasta cuándo claudicaréis vosotros entre dos pensamientos? Si Jehová es Dios, seguidle; y si Baal, id en pos de él. Y el pueblo no respondió palabra.

—1 REYES 18:21

L A EXPRESIÓN *DOBLE* ánimo solo se menciona dos veces en todo el Nuevo Testamento. La primera en Santiago 1:8: "El hombre de doble ánimo es inconstante en todos sus caminos"; y la segunda en Santiago 4:8: "Acercaos a Dios, y Él se acercará a vosotros. Pecadores, limpiad las manos; y vosotros los de doble ánimo, purificad vuestros corazones".

Sin embargo, existen muchas más ilustraciones vivientes sobre el espíritu de doble ánimo a lo largo de la Biblia, las cuales nos permiten entender cómo dicho espíritu se manifiesta y sabotea nuestras vidas. Veremos varios ejemplos tomados del Antiguo Testamento. La mayor parte de lo que se analizará en este capítulo puede resultarle conocido —la rebelión e idolatría del pueblo de Israel, la destitución de Saúl de la gracia, y Jezabel y Acab—, pero quizás no haya estudiado estas historias desde el punto de vista del doble ánimo.

La revelación que estos ejemplos nos brindan sobre el espíritu de doble ánimo constituye la llave para ver hasta dónde llega la raíz de esta fortaleza en la naturaleza pecaminosa del hombre. Al ver cuán insidioso es el enemigo en idear trampas y ataduras para el pueblo de Dios, le causará un fuerte deseo por verse a usted y a los que conoce libres de su sujeción. Comencemos con este estudio mirando a la nación de Israel.

ISRAEL: UNA NACIÓN DE DOBLE ÁNIMO

El pueblo de Israel se encontraba sujeto al espíritu de doble ánimo. Elías confrontó a los israelitas en el Monte Carmel y les demandó que tomasen una decisión. Israel fue una nación rebelde a lo largo de su historia. Adoraban a Dios y adoraban a sus ídolos. Sus lealtades estaban divididas y no eran consistentes en mantener su pacto con Dios. Los profetas confrontaron esta rebelión, y en 1 Reyes 18:21 Elías les señaló su inconsecuencia. La Nueva Versión Internacional dice: "¿Hasta cuándo van a seguir indecisos?". El pueblo de Israel era indeciso; y fue en ese momento, en ese enfrentamiento en Carmel, entre el profeta de Dios y los cuatrocientos cincuenta profetas de Baal, que Dios les demandó por medio de su profeta que tomasen una decisión y se aferrasen a ella.

Volviendo a la versión Reina Valera 1960 de 1 Reyes 18:21, vemos un cuadro literal de lo que Elías comunicaba al pueblo de Israel:

El término "claudicar" en la versión Reina Valera, revisión 1960, hace referencia a una persona que se tambalea, incapaz de mantener su equilibrio y que fracasa en cumplir sus propósitos debido a que su mente está dividida. Dicha persona no puede controlar su vida. Estas personas vivían en una indecisión constante, lo cual era típico de los israelitas. La Biblia nos muestra en varios pasajes que adoraban a Dios pero continuaban sirviendo a sus ídolos. En Éxodo 32, en el episodio del becerro de oro, ¡el pueblo le pidió a Aarón que levantase un becerro de oro e hicieran fiesta a Jehová!

Básicamente, trataban de sincretizar al Dios verdadero con los ídolos paganos, lo cual refleja una mente dividida. "Ninguno puede servir a dos señores; porque o aborrecerá al uno y amará al otro, o estimará al uno y menospreciará al otro" (Mateo 6:24). Pero aquel al que aborrezca aún sigue siendo una parte de su mente, y le causará problemas.

En el relato de Elías, este indica que aunque no haya nada mal con el resto del cuerpo, el mismo no tiene dirección, ya que es la mente que lo controla. Se crea una situación en donde, en el mejor de los casos, habrá un mínimo movimiento, es decir, pocos logros; en el peor de los casos, no habrá ningún movimiento para avanzar en absoluto, solo se tambalea de un lado a otro. Esta clase de situación es contraproducente.[1]

En Mateo 22:37-38 se les ordenó a los israelitas a amar al Señor con todo su corazón, alma y mente. Esto constituye lo opuesto del doble ánimo. Este fue el primer y gran mandamiento que el pueblo de Israel nunca cumplió.

La Biblia menciona en Josué 24:15: "Y si mal os parece servir a Jehová, escogeos hoy a quién sirváis; si a los dioses a quienes sirvieron vuestros padres, cuando estuvieron al otro lado del río, o a los dioses de los amorreos en cuya tierra habitáis; pero yo y mi casa serviremos a Jehová". Aquí vemos que Dios deseaba que los israelitas tomaran una decisión. Josué es una figura de determinación, y tomó una decisión para sí mismo y su casa de servir al Señor. No hay indecisión en este verso, sino que Josué fue resuelto y firme en su decisión.

El pueblo de Israel en su conjunto no tomó esta decisión, sino que eran indecisos e inconstantes. Israel demostró todos los signos habituales del espíritu de doble ánimo. Su ejemplo también muestra que incluso este espíritu puede manifestarse en un grupo.

El rechazo tuvo lugar en el nacimiento de Israel. Note estas palabras:

Y di: Así ha dicho Jehová el Señor sobre Jerusalén: Tu origen, tu nacimiento, es de la tierra de Canaán; tu padre fue amorreo, y tu madre hetea. Y en cuanto a tu nacimiento, el día que naciste no fue cortado tu ombligo, ni fuiste lavada con aguas para limpiarte, ni salada con sal, ni fuiste envuelta con fajas. No hubo ojo que se compadeciese de ti para hacerte algo de esto, teniendo de ti misericordia; sino que fuiste arrojada sobre la faz del campo, con menosprecio de tu vida, en el día que naciste.

> Y yo pasé junto a ti, y te vi sucia en tus sangres, y
> cuando estabas en tus sangres te dije: ¡Vive! Sí, te dije,
> cuando estabas en tus sangres: ¡Vive!
>
> —EZEQUIEL 16:3–6

El profeta Ezequiel describe a Israel como un niño menospreciado desde su nacimiento. Dios se conmovió, le tuvo compasión y le dio vida. Israel sobrevivió como nación a causa del amor y cuidado de Dios. Sin embargo, cuando creció, empezó a fornicar.

> Pero confiaste en tu hermosura, y te prostituiste
> a causa de tu renombre, y derramaste tus fornica-
> ciones a cuantos pasaron; suya eras.
>
> —EZEQUIEL 16:15

Este es el comportamiento habitual de una persona que fue rechazada por sus padres a una temprana edad. No tiene un concepto claro sobre cómo abordar los sentimientos de menosprecio y rechazo. El rechazo puede conducir al autorechazo, el cual se demuestra en el versículo anterior. No es inusual encontrar que una persona que es promiscua, descuidada consigo misma, o que usa su cuerpo o cualidades físicas para obtener algún tipo de afecto o aprobación, haya experimentado alguna clase de rechazo de los padres, por lo general de la figura paterna. Incluso cuando trata de ayudar a una persona con estos problemas, parecería que no hay nada que pueda hacer para sanar las heridas invisibles del corazón. Aquí es donde la liberación tiene participación.

Dios nos muestra que Israel había sido rechazado desde su nacimiento. Este rechazo se manifestó como rebelión, aun contra un Dios que los amó. La rebelión del pueblo de Israel trajo el juicio de Dios, ya que continuamente violaban el pacto. La relación de Israel con Dios fue cortada a causa de la rebelión.

En Isaías 1:2, Dios anuncia su declaración contra Israel: "Oíd, cielos, y escucha tú, tierra; porque habla Jehová: Crie hijos, y los engrandecí, y ellos se rebelaron contra mí". Los israelitas se rebelaron contra aquel que los crio y engrandeció. Eran inconstantes y nunca fueron plenamente fieles al cumplimiento del pacto.

El libro de Jueces detalla el espíritu de doble ánimo de Israel: peca, entra en cautividad, clama a Dios, es librada, camina con Dios durante un período y luego repite el ciclo otra vez.

Después hubo reformas y avivamientos a lo largo de la historia de Israel, pero fueron temporales hasta que finalmente Dios permitió que fueran a Babilonia. La relación de Dios con Israel tenía sus altibajos. La diferencia entre Dios e Israel era que Dios permanecía fiel, y su misericordia para con el pueblo escogido era inamovible. Dios no es de doble ánimo. No obstante, Israel no era un pueblo fiel (recto, comprometido):

> Y no sean como sus padres, generación contumaz y rebelde; generación que no dispuso su corazón, ni fue fiel para con Dios su espíritu.
>
> —SALMO 78:8

> Pues sus corazones no eran rectos con él, ni estuvieron firmes en su pacto.
>
> —SALMO 78:37

Sin embargo, Dios permanece fiel (para siempre):

> De parte mía es puesta esta ordenanza: Que en todo el dominio de mi reino todos teman y tiemblen ante

la presencia del Dios de Daniel; porque él es el Dios viviente y permanece por todos los siglos, y su reino no será jamás destruido, y su dominio perdurará hasta el fin.

—DANIEL 6:26

Dios permanecía inquebrantable en su devoción y fidelidad para con Israel; no obstante, los israelitas eran de doble ánimo en su devoción y fidelidad para con Dios. El término *firme* significa con resolución o diligentemente seguro y sin vacilación: "lealtad firme", constante, con un propósito inquebrantable o determinante, fidelidad, etc.[2] Estar firmes significa ser decidido, constante, rígido, derecho, resuelto, inquebrantable, inamovible, comprometido, devoto, duradero y fiel. Esto es lo opuesto al concepto de doble ánimo. El pacto de amor y fidelidad de Dios para con Israel era inquebrantable. El pacto de amor y fidelidad de Israel hacia Dios era siempre inconstante. Esto es doble ánimo; siempre indeciso, inconsecuente e infiel. Israel era lo opuesto a la fidelidad de Dios (desleal, poco confiable y poco fiable).

En Deuteronomio 30:19, Dios volvió a llamar a Israel, y ordenó al pueblo a que tomara una decisión: "A los cielos y a la tierra llamo por testigos hoy contra vosotros, que os he puesto delante la vida y la muerte, la bendición y la maldición; escoge, pues, la vida, para que vivas tú y tu descendencia". Su capacidad de decidir y mantenerse firmes se trataba de una cuestión de vida o muerte.

La vida y la muerte son decisiones. Dios ordenó a Israel a que eligiera la vida. No había lugar para un espíritu de doble ánimo. Una persona de doble ánimo está siempre vacilando entre las dos.

Veamos ahora la vida de Saúl, uno de los reyes de Israel.

SAÚL: EL ESPÍRITU DE DOBLE ÁNIMO MANIFIESTO A TRAVÉS DEL TEMOR

El rey Saúl constituye un ejemplo bíblico de paranoia. La paranoia es un grupo de demonios dentro del espíritu de doble ánimo. La misma se define como "una tendencia por parte de una persona, o grupos de personas, a la sospecha y desconfianza. Esta no se basa en una realidad objetiva sino en la necesidad de defender el ego contra los impulsos inconscientes, que usa la protección como un mecanismo de defensa y a menudo adopta la forma de megalomanía compensatoria".

La megalomanía es "una obsesión por cosas y acciones ostentosas. Aquellos obsesionados con el poder, la fama y la posición, a menudo pueden ser paranoicos al creer que todos se los van a quitar".

La paranoia puede verse al culpar a los demás, en la acusación, en la acusación ilusoria, en la sospecha y está arraigada en el temor y en el rechazo. La personalidad de rechazo siempre cuestiona las motivaciones de otros y los juzga sin razón.

Saúl se volvió paranoico de aquellos que lo rodeaban, especialmente de David, y los acusaba de conspirar para usurpar su reino.

> ...para que todos vosotros hayáis conspirado contra mí, y no haya quien me descubra al oído cómo mi hijo ha hecho alianza con el hijo de Isaí, ni alguno de vosotros que se duela de mí y me descubra cómo mi hijo ha levantado a mi siervo contra mí para que me aceche, tal como lo hace hoy?
>
> —1 SAMUEL 22:8

Note que Saúl también manifestó autocompasión al decir que nadie se dolió de él. La persona que es el blanco de esta manifestación de doble ánimo, por lo general se queda perpleja cuando se juzgan sus motivaciones sin razón aparente.

A causa de la paranoia y el temor, Saúl comenzó a sospechar. Lea aquí 1 Samuel 18:6-9:

> Aconteció que cuando volvían ellos, cuando David volvió de matar al filisteo, salieron las mujeres de todas las ciudades de Israel cantando y danzando, para recibir al rey Saúl, con panderos, con cánticos de alegría y con instrumentos de música. Y cantaban las mujeres que danzaban, y decían: Saúl hirió a sus miles, y David a sus diez miles. Y se enojó Saúl en gran manera, y le desagradó este dicho, y dijo: A David dieron diez miles, y a mí miles; no le falta más que el reino. Y desde aquel día Saúl no miró con buenos ojos a David.

David no había hecho nada para merecer eso. Él era fiel a Saúl, pero ahora Saúl comenzó a sospechar de sus intenciones. David se convirtió en el blanco de la paranoia de Saúl.

Los líderes con doble ánimo necesitan liberación. Los líderes que sospechan de todo aquel que los rodean usarán su poder y autoridad para destruir el blanco de esa sospecha. Finalmente, Saúl trató de matar a David.

¿Alguna vez ha estado cerca de alguien que sospechara de todos? Estas personas creen que todos quieren traicionarlas, por lo que no confían en nadie. Esto puede ser una señal de inestabilidad y de doble ánimo.

Finalmente, el temor de Saúl lo llevó a desobediencia y aún le costó su reino:

Y Samuel dijo: ¿Se complace Jehová tanto en los holocaustos y víctimas, como en que se obedezca a las palabras de Jehová? Ciertamente el obedecer es mejor que los sacrificios, y el prestar atención que la grosura de los carneros. Porque como pecado de adivinación es la rebelión, y como ídolos e idolatría la obstinación. Por cuanto tú desechaste la palabra de Jehová, él también te ha desechado para que no seas rey.

Entonces Saúl dijo a Samuel: Yo he pecado; pues he quebrantado el mandamiento de Jehová y tus palabras, porque temí al pueblo y consentí a la voz de ellos. Perdona, pues, ahora mi pecado, y vuelve conmigo para que adore a Jehová.

Y Samuel respondió a Saúl: No volveré contigo; porque desechaste la palabra de Jehová, y Jehová te ha desechado para que no seas rey sobre Israel.

—1 Samuel 15:22–26

En estos versículos se revelan muchas de las manifestaciones de doble ánimo: desobediencia, transigencia, rebelión, obstinación, temor y rechazo. Saúl constituye la personificación del espíritu de doble ánimo. Debido a que nunca caminó completamente conforme a los caminos de Dios, también experimentó el rechazo divino.

Acab y Jezabel

Podemos encontrar otra forma de manifestación del espíritu de doble ánimo al analizar la historia de Acab y Jezabel. Estas personas son figuras de las dos personalidades dentro del espíritu de doble ánimo: rechazo y rebeldía, las cuales son aborrecidas por Dios.

Y Acab hijo de Omri hizo lo malo ante los ojos de
Jehová, más que todos los que reinaron antes de
él...Hizo también Acab una imagen de Asera, haciendo así Acab más que todos los reyes de Israel que
reinaron antes que él, para provocar la ira de Jehová
Dios de Israel.

—1 REYES 16:30, 33

Acab fue el séptimo rey de Israel. Se lo conoce por promover
culto a Baal y a Astoret y por la fornicación en el templo, en el
cual los hombres y mujeres se prostituían para recaudar dinero
para las actividades religiosas. Es conocido por tener períodos
de rectitud, pero también por apartarse rápidamente de Dios a
causa de las manipulaciones de su mujer pagana, Jezabel.

Porque le fue ligera cosa andar en los pecados de
Jeroboam hijo de Nabat, y tomó por mujer a Jezabel,
hija de Et-baal rey de los sidonios, y fue y sirvió a
Baal, y lo adoró.

—1 REYES 16:31

Durante el reinado de Acab y Jezabel, se llevó a cabo en
el templo de Dios todo tipo de ritos sexuales; homosexualidad, brutalidad y toda clase de perversión vergonzosa que
pueda imaginarse. Los hombres y mujeres eran adorados por
su belleza física y se generalizó la exhibición de los órganos
reproductores.

Porque ellos también se edificaron lugares altos, estatuas, e imágenes de Asera, en todo collado alto y
debajo de todo árbol frondoso.

—1 REYES 14:23

La palabra *estatua*, utilizada en este versículo, aparece diecisiete veces en la versión *King James* de la Biblia, de las cuales quince hacen referencia a Astoret y a la idolatría en el templo. Estos "cultos" se llevaban a cabo debajo de las arboledas cercanas al templo, en donde se exhibían y adoraban enormes figuras talladas de los órganos reproductores tanto masculinos como femeninos.[3]

Acab permitió que esto entrara a Israel a través de Jezabel. La lujuria y la perversión son una parte de la personalidad de rechazo.

Acab es figura de la manifestación interior del doble ánimo (rechazo). Se caracterizaba por estar lleno de temores, pasiones sexuales, inseguridad, autocompasión, fantasías, depresión, celos, envidia, desesperanza, culpa, vergüenza y despecho.

Jezabel es figura de la manifestación exterior del doble ánimo (rebeldía). Estaba llena de terquedad, obstinación, egoísmo, confrontación, personalidad controladora, impulsos posesivos, odio, resentimiento, espíritu asesino, amargura, hechicería e idolatría. Vea aquí en 1 Reyes 21:4-7 cómo ambos se complementan en su maldad.

> Y vino Acab a su casa triste y enojado, por la palabra que Nabot de Jezreel le había respondido, diciendo: No te daré la heredad de mis padres. Y se acostó en su cama, y volvió su rostro, y no comió.
>
> Vino a él su mujer Jezabel, y le dijo: ¿Por qué está tan decaído tu espíritu, y no comes?
>
> Él respondió: Porque hablé con Nabot de Jezreel, y le dije que me diera su viña por dinero, o que si más quería, le daría otra viña por ella; y él respondió: Yo no te daré mi viña.

Y su mujer Jezabel le dijo: ¿Eres tú ahora rey sobre Israel? Levántate, y come y alégrate; yo te daré la viña de Nabot de Jezreel.

Ambos trabajaban unidos para extender la maldad en Israel. Esta es la representación de cómo las personalidades de rebeldía y de rechazo trabajan juntas y se fortalecen entre sí dentro del doble ánimo. Debemos expulsar y echar fuera a estas dos personalidades. Es necesario que ambas sean destruidas dentro de la persona de doble ánimo.

Dios juzgó a Acab y Jezabel y ambos fueron destituidos de Israel. Causaron muchos problemas y devastación al pueblo de Israel. Las tribus del norte nunca pudieron recuperarse y finalmente fueron absorbidas en Asiria. Dios tiene misericordia y nos libra.

No es inusual que estos dos espíritus trabajen juntos en la vida de una persona. Se necesitan y se fortalecen mutuamente. Jezabel no hubiese podido hacer lo que hizo sin Acab. Ella entró a Israel a raíz de este matrimonio y trajo consigo la adoración a los baales. Acab también usó a Jezabel para realizar sus obras impías. Ambos trabajaban juntos, al igual que el rechazo y la rebeldía.

Ida Mae Hammond comparó la atadura del doble ánimo con dos manos y dedos apretados juntos. Es necesario que estas manos y dedos se separen a fin de que esta fortaleza pueda destruirse. Se los debe separar y echar fuera. [4]

Jezabel se caracterizaba por ser dominante, manipuladora y seductora. Intimidaba, amenazaba, mentía y hacía lo que fuera necesario para cumplir con su objetivo. Mandó a matar a Nabot para darle la viña a su esposo. También mató a los profetas de Dios y amenazó la vida de Elías. Era vengativa y malvada. No había paz mientras Jezabel estaba activa.

Cuando vio Joram a Jehú, dijo: ¿Hay paz, Jehú? Y él respondió: ¿Qué paz, con las fornicaciones de Jezabel tu madre, y sus muchas hechicerías?

—2 REYES 9:22

La rebeldía es una personalidad perversa a la que se debe renunciar y echar fuera. Hasta que no veamos cuán malvada es, la toleraremos y permaneceremos en atadura.

Acab era lascivo, débil, temeroso y toleraba la maldad. Le permitió a Jezabel la adoración a Baal. Era una persona pasiva y no lucharía por la justicia. Esta personalidad introvertida también resulta perversa y debe echarse fuera. Es aborrecida por Dios, al igual que aborrece la rebeldía. Tanto el rechazo como la rebeldía son demoníacos y abominables a los ojos de Dios.

Y Acab dijo a Elías: ¿Me has hallado, enemigo mío? Él respondió: Te he encontrado, porque te has vendido a hacer lo malo delante de Jehová.

He aquí yo traigo mal sobre ti, y barreré tu posteridad y destruiré hasta el último varón de la casa de Acab, tanto el siervo como el libre en Israel.

Y pondré tu casa como la casa de Jeroboam hijo de Nabat, y como la casa de Baasa hijo de Ahías, por la rebelión con que me provocaste a ira, y con que has hecho pecar a Israel.

—1 REYES 21:20–22

Dios juzgó a Acab y a su casa a causa de su maldad, la cual es aborrecida por Dios. Acab era idólatra, transigente, lascivo, codicioso y débil. Era una persona rechazada quien estaba vinculado con una mujer rebelde.

Asimismo, Dios juzgó a Jezabel por su maldad y permitió que la comieran los perros. Lea sobre su muerte en 2 Reyes 9. Era despiadada, asesina, traicionera, idólatra, seductora, controladora, intimidante y malvada. También era una mujer rebelde y de muchas hechicerías.

Los hombres como Acab son transigentes. En 1 Reyes 20, leemos que el ejército sirio atacó dos veces contra Israel. En ambas, un profeta de Dios se acercó a Acab y le anunció que Dios le daría un gran milagro y derrotaría a los sirios. Dios, en efecto, les entregó dos veces a los sirios. No obstante, Acab no se volvió para adorar a Dios, sino que reunía a los profetas de Dios cuando necesitaba ayuda. (Vea 1 Reyes 22:6). Los hombres como Acab van a la iglesia cuando es políticamente correcto o para su propio beneficio, y no por amor a Dios. Presencian los milagros de Dios, pero con todo y eso se rehúsan a otorgarle el crédito al Señor.

Jezabel era una hechicera por definición y obras. La hechicería es la manipulación y control de un individuo a través de medios demoníacos. Busca controlar las mentes de otros mediante la mentira, queja, amenazas, situaciones, vergüenza, pena y cualquier otro medio que pueda utilizar.[5]

ISRAEL TUVO UNA SUCESIÓN DE LÍDERES DÉBILES Y DE DOBLE ÁNIMO

Y la cabeza de Efraín es Samaria, y la cabeza de Samaria el hijo de Remalías. Si vosotros no creyereis, de cierto no permaneceréis.

> Habló también Jehová a Acaz, diciendo: Pide para ti señal de Jehová tu Dios, demandándola ya sea de abajo en lo profundo, o de arriba en lo alto.
>
> Y respondió Acaz: No pediré, y no tentaré a Jehová. Dijo entonces Isaías: Oíd ahora, casa de David. ¿Os es poco el ser molestos a los hombres, sino que también lo seáis a mi Dios? Por tanto, el Señor mismo os dará señal: He aquí que la virgen concebirá, y dará a luz un hijo, y llamará su nombre Emanuel.
>
> —ISAÍAS 7:9–14

Isaías era el profeta del rey Acaz. Vino palabra de Dios a Acaz para que pidiera una señal. Dios quería demostrarle a Acaz su poder liberador, pero Acaz se reusó a pedir. Dios le daría una señal. Si él no creía, no sería establecido.

No existe nada peor que un líder de doble ánimo, vacilante, titubeante, transigente y débil que se reúse a creer. Este fue el problema de Acaz: el doble ánimo.

> En aquel tiempo envió a pedir el rey Acaz a los reyes de Asiria que le ayudasen…Además el rey Acaz en el tiempo que aquél le apuraba, añadió mayor pecado contra Jehová.
>
> —2 CRÓNICAS 28:16, 22

Acaz envió a pedir a los reyes de Asiria que le ayudasen contra sus enemigos —Siria y el reino del norte de Israel— en vez de confiar en Dios. Incluso, este hecho fue posterior a que el profeta le dijera que pidiese una señal; pero era de doble ánimo para confiar en Dios.

El espíritu de doble ánimo causó que muchos de los reyes adoraran a los ídolos y formasen alianzas con naciones paganas.

La mayoría de los reyes de Israel y de Judá eran de doble ánimo en el sentido mencionado por Santiago... Elder Bruce R. McConkie sutil y plenamente describió al hombre de doble ánimo con las palabras siguientes: "El hombre voluble, inconstante, en contraposición con el que es constante y firme, que siempre respalda la causa de la justicia, es el miembro de la iglesia que trata tanto de abandonar como de seguir al mundo y que no sirve al Señor con la mira puesta en la gloria de Él".[6]

A continuación se mencionan los reyes de Israel y Judá, quienes abandonaron la Ley de Jehová, adoraron ídolos y trajeron deshonra y pecado al pueblo de Israel:

Reboam (Judá): Dejó la ley de Jehová.

Jeroboam (Israel): Levantó ídolos y un falso sacerdocio.

Nadab (Israel): Siguió los pasos de Jeroboam.

Abiam (Judá): "Anduvo en todos los pecados que su padre había cometido" (1 Reyes 15:3).

Baasa (Israel): Siguió los pasos de Jeroboam.

Ela (Israel): Era un borracho. "Hicieron pecar a Israel" (1 Reyes 16:13).

Zimri (Israel): Era un asesino e idólatra (reinó por siete días).

Omri (Israel): Hizo lo malo ante los ojos de Jehová, como todos los que habían reinado antes de él.

Acab (Israel): Fue peor que Omri; casado con Jezabel.

¿Cuál fue la causa principal de la caída? ¿Acaso no fue el doble ánimo que los condujo a desobediencia? ¿No confió más Israel en el mundo y se esforzó para obtener su recompensa, en vez de confiar en el Señor y esforzarse para obtener su recompensa?[7]

Tanto los reyes del reino del norte como los del reino del sur también eran de doble ánimo.

Dios nos ha provisto de claves en su Palabra que señalan no solo a quién debemos pertenecer, sino también a quién no debemos pertenecer. Dios no quiere que dudemos ni vacilemos entre el amor hacia Él y el amor al mundo. Él es un Dios celoso y quiere a su pueblo para Él, a fin de bendecirnos y prosperarnos en el camino que ha destinado. Tenemos acceso a la redención, sanidad y liberación para el pecado de doble ánimo; pero primeramente, necesitamos descubrir la puerta de entrada que usa este demonio. En el próximo capítulo, revelaremos al espíritu de rechazo, el cual se constituye la puerta de entrada del enemigo para destruir las vidas del pueblo de Dios.

CAPÍTULO 4

LA PUERTA DEL ENEMIGO

El espíritu de rechazo

*Despreciado y desechado entre los hombres, varón de dolores,
experimentado en quebranto; y como que escondimos de
él el rostro, fue menospreciado, y no lo estimamos.*

—ISAÍAS 53:3

H E ESTADO EN el ministerio de liberación por más de treinta años y aún me asombro al ver la cantidad de personas que sufren del espíritu de rechazo. Primeramente, el espíritu demoníaco de doble ánimo entra en la vida de una persona a través del rechazo. El mismo resulta tan común que siempre se manifiesta en las personas endemoniadas a quienes ministro. El rechazo es una herida que normalmente comienza a una edad temprana, y una herida que no recibe tratamiento se convierte en una infección. Los demonios son como gérmenes que son atraídos a una herida, causando una infección. En otras palabras, lo que comienza como una herida se vuelve algo mucho peor.

El rechazo no solamente hiere, sino que también afecta la identidad de una persona. La persona que ha sido rechazada siente como que hubiera algo malo con ella y por lo tanto, se rechaza a sí misma. El espíritu de autorechazo normalmente acompaña al rechazo. El enemigo construye personalidades falsas dentro de la persona que fue rechazada.

La esencia de una personalidad de rechazo es el rechazo, autorechazo y el temor al rechazo. A nadie le gusta ser rechazado, ya que constituye una experiencia hiriente y dolorosa. La mayoría de las personas tratan de evitarlo a toda costa.

El temor es una fortaleza dentro de la personalidad de rechazo (temor a ser rechazado, herido, ridiculizado, abandonado, maltratado, etc.). La personalidad de rechazo es la manifestación interior del doble ánimo, como vimos con Acab, uno de los reyes de Israel. El rechazo causa que una persona se retraiga o aísle como mecanismo de defensa. Es equivalente al avestruz que entierra su cabeza en la arena.

El rechazo es la sensación de ser indeseado, la agonía de desear desesperadamente que la gente lo ame, pero estar convencido de que no lo aman. En realidad los demás pueden amarlo y aceptarlo; pero cuando está sufriendo de rechazo, no puede creerlo o recibirlo. Existe un deseo doloroso de ser parte de algo, pero nunca sentir de que realmente lo es.

Isaías escribió sobre una mujer que había padecido una terrible herida profunda a causa del rechazo:

> Porque como a mujer abandonada y triste de espíritu
> te llamó Jehová, y como a la esposa de la juventud
> que es repudiada, dijo el Dios tuyo.
>
> —ISAÍAS 54:6

Para compensar el rechazo, algunos se han retraído para protegerse como una tortuga en su caparazón. Otros explotan en ira y odio; luchando con amargura contra el dolor y la injusticia. Las personas rechazadas a menudo pasan sus vidas buscando una identidad significativa fuera de una relación verdadera con Dios.[1]

¿CÓMO ENTRA EL RECHAZO?

El rechazo por lo general comienza a una edad temprana e incluso puede comenzar en el vientre. El rechazo prenatal es frecuente y puede suceder con embarazos no deseados, un trabajo de parto traumático y estresante; intento de aborto; problemas durante el embarazo; un hijo no deseado; ilegitimidad; rechazo por parte del padre, de la madre o de ambos; una violación.

Otra forma de rechazo prenatal ocurre cuando los padres desesperadamente desean tener un hijo de un determinado género, pero descubren que su hijo será del género opuesto. Todas sus oraciones y esperanzas se centran en tener un hijo de un cierto género; pero cuando su hijo nace del género opuesto, es rechazado y abandonado. Esto es común en ciertas culturas en donde se le da a un género mayores privilegios y posiciones sobre el otro.

En su propia experiencia, quizás haya visto situaciones en donde un padre quería tener un hijo varón, pero en cambio tuvo una niña. No obstante, trata de interactuar con ella como si fuera su hijo al presionarla a participar de ciertas actividades, usar una determinada vestimenta o comportarse de una forma no apropiada. Lo mismo puede suceder con madres que deseaban tener una niña, pero dieron a luz a un niño. Otros ministros de liberación han señalado que esta puede ser la raíz de los problemas de género que enfrentan muchos homosexuales, lesbianas, bisexuales y personas transgénero.

Una persona también puede ser rechazada por su propia familia. Este tipo de rechazo puede comprender el abandono por uno o ambos padres, ya sea intencional o percibido; abuso por figuras de autoridad (emocional o físico); hijos adoptivos; hijos con defectos de nacimiento; orden de nacimiento (síndrome del hijo del medio; estos pueden ser vulnerables si perciben que sus padres prefieren al hijo mayor o al menor); favoritismo entre los hijos; fallecimiento de uno de los padres; descuido parental; padres autoritarios o un padre perfeccionista.

Por último, el rechazo social abarca el rechazo entre pares debido a algún rasgo extraño, prejuicios racistas, diferencias sociales y económicas, acoso y maltrato por figuras de autoridad (es decir, maestros o entrenadores).

Causales de rechazo al principio de la vida:

- Nacer con el género opuesto al que los padres querían.
- Nacer con una deformidad o una discapacidad física.
- Críticas constantes por parte de los padres, los hermanos o figuras de autoridad.
- Disciplina injusta, especialmente si otro miembro de la familia parece ser favorecido.
- Que le pongan sobrenombre o se le insulte enfatizando características personales vergonzosas.
- Que un hermano o hermana enfermo o incapacitado reciba atención y cuidados médicos prolongados.
- Padres que muestran debilidad, apatía o pasividad en sus funciones de autoridad o responsabilidad.

- Haber sufrido abuso sexual o incesto.
- Que un padre se vuelva agresivo sexualmente con su esposa en presencia de sus hijos.
- Un niño malcriado o consentido.
- Los niños que pertenecen a una minoría racial suelen sentirse rechazados por la mayoría entre la que viven y juegan.
- Dificultades del habla como tartamudeo, balbuceo, ceceo o una incapacidad de pronunciar ciertas consonantes o palabras.
- Padres infelices que discuten, pelean, no se hablan o solamente hablan con sus hijos: los niños se sentirán culpables y responsables.
- Crueldad parental.
- Alcoholismo en uno o ambos padres.
- No haber sido perdonado por los padres o no tener su confianza.
- Sobornos o amenazas para ser exitosos académicamente.
- Ser expulsado de la escuela o rechazado por un grupo de compañeros.
- Vergüenza por las creencias religiosas de los padres.
- Un padre que les muestra más atención a las amigas de su hija que a su propia hija.
- Destrucción de la casa familiar por un incendio o algún desastre natural.
- Que un miembro de la familia sea condenado por un crimen grave.
- Un descenso súbito en el estándar de vida de la familia causado por desempleo, despido o bancarrota del proveedor de la familia.

- Padres que tienen amplios recursos económicos, pero que muestran tacañería hacia sus hijos haciéndolos sentirse avergonzados delante de sus compañeros de juegos.
- Hijos que constantemente son dejados por su cuenta por las horas de trabajo de sus padres o por el desinterés de los padres en el bienestar de sus hijos.
- Padres que no muestran interés activo en el desempeño de los hijos en la escuela, sus actividades deportivas o pasatiempos.

Causales de rechazo más tarde en la vida:

- Ser abandonado por la pareja o atravesar por un divorcio.
- El fallecimiento o infidelidad de uno de los cónyuges.
- Crueldad mental o física causada por el cónyuge.
- Vergüenza causada por una sentencia del tribunal por un delito penal.
- Tener que cumplir con un período de prisión.
- Incapacidad de encontrar alivio a largo plazo a problemas mentales, emocionales o físicos después de haber agotado todas las formas de consejería o servicios profesionales.
- Ideologías religiosas incompatibles en el matrimonio que requieran que uno de los cónyuges sea forzado a cumplir con los deseos del otro.
- Una disminución en los estándares de vida causada por las adicciones a drogas o a bebidas alcohólicas de uno de los cónyuges.

- Rechazo en el amor o un compromiso roto.
- Quedar postrado o discapacitado como resultado de una enfermedad o accidente.
- Estar sujeto a presiones más allá de lo que uno puede controlar.
- Ser despedido de un empleo por incompetencia o no ser capaz de encontrar empleo por un largo período de tiempo.
- Ser completamente defraudado por personas en las que se ha confiado y de cuyo consejo se ha dependido totalmente.
- Vergüenza financiera causada por el fracaso de inversiones hechas por el consejo de un amigo cercano o ser engañado financieramente por operadores inescrupulosos.

ESPÍRITUS DEMONÍACOS VINCULADOS AL RECHAZO

El rechazo no solamente es un demonio, sino que también es una personalidad. La personalidad de rechazo está compuesta por diferentes espíritus que se unen y fortalecen al rechazo. Los demonios son como pandillas. Así como las distintas pandillas tienen personalidades diferentes, también los demonios cuando entran en una persona. Los demonios son atraídos a las heridas emocionales y entrarán en la vida de una persona que sufre de rechazo. Los espíritus demoníacos que se manifiestan como resultado del rechazo comprenden lo siguiente:

Lujuria

La lujuria es una sustitución demoníaca del amor verdadero. Las personas que han experimentado el rechazo buscan relaciones y normalmente se involucran en inmoralidades sexuales a una edad temprana. El espíritu de prostitución se puede manifestar a una edad temprana y por lo general se ve en mujeres que se visten de forma provocativa.

La impureza sexual se ha extendido con rapidez en nuestra sociedad. Los espíritus de lujuria sexual comprenden el adulterio, fornicación, prostitución, seducción, impureza sexual, perversión, homosexualidad, lesbianismo, masturbación, pornografía, incesto, fantasía, sodomía e inmundicia.

La lujuria no solamente se relaciona con lo sexual, sino que también puede manifestarse en el materialismo, abuso, trastornos alimenticios (glotonería, bulimia, anorexia y dieta extrema), drogadicción y alcoholismo, vestimenta, etc.

Fantasía

El grupo de demonios de la fantasía abarca la pornografía, fantasear despierto y pueden llevarlo a tener pasatiempos en exceso para escapar de la realidad.

Perversión

El grupo de demonios asociados a la perversión puede conducir a la homosexualidad, lesbianismo, fetiches, abuso sexual y otras actividades sexuales relacionadas. La perversión puede ser una manifestación del autorechazo cuando las personas rechazan su propia identidad sexual. Estos simplemente son intentos por vencer al rechazo.

Inseguridad e inferioridad

El rechazo causa que una persona se sienta deprimida y causa una baja autoestima.

Orgullo, vanidad y ego

A través de estas tres manifestaciones se trata de compensar al espíritu de rechazo. Estos espíritus tratan de hacer que las personas se sientan bien sobre ellas mismas.

Autoacusación

La autoacusación tiene lugar cuando una persona se culpa a sí misma por el rechazo. "¿Hay algo malo en mí? Posiblemente no sea lo suficientemente bueno. Quizás sea mi culpa".

Depresión

Esta manifestación comprende el abatimiento, desesperación, desánimo y desesperanza. Hay multitudes que sufren de episodios de depresión. Muchos de ellos están medicados. Entrar y salir de la depresión es un signo de doble ánimo. Esto también incluye retraimiento y aislamiento. La depresión está todo el tiempo en la cima. Hay muchas personas bajo tratamiento por depresión maníaca (trastorno bipolar), la cual incluso puede conducir a la desesperanza y al suicidio. La depresión puede causar deseos de escapar, que pueden resultar en insomnio y abusos de drogas y alcohol.

Perfeccionismo

Cuando una persona ha sufrido de rechazo, esta intentará compensarlo al hacer todo perfectamente, esperando que nadie lo rechace. Esto se vuelve una atadura y abre la puerta a los espíritus de orgullo, ego y vanidad. Algunos de los signos de los espíritus del perfeccionismo comprenden el comportamiento obsesivo-compulsivo, volver a verificar el trabajo de otros, tener un espíritu legalista, religioso o de fariseo; ser quisquilloso, crítico, intolerante, propenso a frustrarse e hipócrita. La gente con este espíritu de perfección obligará a los demás a rechazarlo y llevará más profundamente el rechazo que tienen, porque es casi imposible vivir con ellos.

Los padres con un espíritu de perfeccionismo pueden ser intolerantes y autoritarios con sus hijos; los esposos o esposas pueden ser intolerantes con sus cónyuges; los pastores pueden ser intolerantes con los miembros y así sucesivamente. Las personas perfeccionistas son intolerantes con aquellos que no cumplen con sus niveles de perfección.

El perfeccionismo también conduce a los espíritus legalistas y religiosos. El perfeccionista se esconde detrás de un reglamento y convierte a la Biblia en un reglamento. Esto produce hipocresía y encubrimiento porque aquel que es perfeccionista no puede admitir que ha roto las reglas.

Se necesita la liberación a fin de que la persona pueda caminar en amor, compasión y misericordia hacia otros. Recuerde que el perfeccionismo se origina en el rechazo. La persona que busca liberación debe atar la personalidad de rechazo y permitir que el Señor desarrolle su personalidad verdadera.

Injusticia

La persona rechazada a menudo siente que la vida y la gente son injustas. Por lo general, toman causas para librar al mundo de la injusticia. Esta es una manifestación de falsa compasión y de falsa responsabilidad. A menudo, se involucran en asuntos de derechos de animales, derechos del medioambiente, derechos de los homosexuales y demás. A veces estos grupos se vuelven violentos en sus esfuerzos por librar al mundo de la injusticia. La ira, la amargura, la rebeldía y el resentimiento son las fortalezas opuestas de la injusticia y el rechazo. Existe un don bíblico de misericordia que tiene una verdadera compasión por los que sufren, pero la falsa compasión es carnal y demoníaca.

Culpabilidad, vergüenza y confusión

Este grupo de demonios comprende la condenación, falta de merecimiento y vergüenza. La vergüenza se define como una emoción dolorosa causada por una fuerte sensación de culpa, falta de merecimiento o deshonra. La vergüenza está conectada con la confusión: "Cada día mi vergüenza está delante de mí, y la confusión de mi rostro me cubre" (Salmo 44:15).

Sensibilidad

Las personas rechazadas son lastimadas o heridas con facilidad y están delicadamente conscientes de las actitudes y los sentimientos de los demás. Las mismas son extremadamente sensibles ante cada palabra y acción y se ofenden fácilmente.

Afecto excesivo por los animales

Las personas rechazadas desean que se las ame y recibirán el amor incondicional de una mascota. No hay nada malo en tener afecto por las mascotas siempre y cuando no sea incondicional.

Temor

El temor comprende el temor al abandono, al fracaso, al dolor, al rechazo, a la muerte, a la brujería, a la autoridad, a los gérmenes, a la oscuridad, al matrimonio, a los perros, a los accidentes, al hombre, a Jezabel, a la confrontación, a la pobreza, etc. También existen los temores extremos tales como el pánico, ataques de pánico, terror, aprehensión, temor repentino, etc. La locuacidad, el nerviosismo, la preocupación, la ansiedad y la tensión pueden ser también parte de un grupo de demonios de temor relacionados con el rechazo.

Paranoia

La paranoia, cuya demostración vimos en el rey Saúl, se define como una tendencia por parte de una persona, o grupos de personas a la sospecha y desconfianza. La misma no se basa en una realidad objetiva, sino en la necesidad de defender el ego contra los impulsos inconscientes que usa la protección como un mecanismo de defensa y a menudo adopta la forma de megalomanía compensatoria. La megalomanía es una obsesión por cosas y acciones ostentosas.[2] Aquellos obsesionados con el poder, la fama y el estatus, a menudo pueden ser paranoicos al creer que todos se los van a quitar.

La paranoia puede verse al culpar a los demás, en la acusación, en la acusación ilusoria, en la sospecha y está arraigada en el temor y en el rechazo. La personalidad de rechazo siempre cuestiona las motivaciones de los demás y los juzga sin razón.

Indecisión

Hablamos sobre la indecisión en el capítulo 2, pero es importante darle el lugar adecuado y analizarla en el contexto del rechazo. La indecisión resulta en dilación, transigencia, confusión, olvido e indiferencia. La indecisión es uno de los problemas de mayor debilidad en la vida ya que la misma se construye por medio de las decisiones. La indiferencia es una actitud que hace que una persona evite tomar decisiones.

Pasividad

La pasividad provoca cobardía, apatía, letargo, tristeza continua, llanto, derrotismo, abatimiento, desesperación, desánimo, desilusión, escapismo, fatiga, melancolía, glotonería, dolor, culpabilidad, angustia, desesperanza, pena, hiperactividad, indiferencia, heridas internas, insomnio, pereza, soledad, duelo, negatividad, rechazo, autocompasión, pesar y cansancio.

A menudo he enseñado acerca del peligro de la pasividad. La pasividad inmoviliza a una persona y resulta en retraimiento y letargo. Quita el deseo natural de ser enérgico en la vida. La gente pasiva no persigue lo que necesita para tener éxito, ni permite que otros lo hagan por ellos.

EL RECHAZO Y LA MENTE DELICTIVA

En el pasado, he enseñado sobre "los comportamientos delictivos en la esquizofrenia" en mis series sobre el espíritu de doble ánimo. Las personas que tienen un historial de actividades delictivas por lo general necesitan liberación del espíritu de doble ánimo. La personalidad de rebeldía en las personas de doble ánimo comprende espíritus de amargura, violencia, muerte, represalias, anarquía y falta de sumisión. Estos espíritus también están relacionados con el rechazo.

Las personas que han estado en prisión por la comisión de delitos (especialmente delitos violentos) necesitarán liberación después de que se las dejen en libertad, y la Iglesia normalmente no está preparada para ministrar a estos individuos debido a la falta de liberación y revelación en el área del espíritu de doble ánimo.

En aquellos que están o han estado en prisión, el rechazo es agravado por el rechazo social. No es fácil para los delincuentes insertarse nuevamente en la sociedad, una vez que fueron puestos en libertad. También les es difícil permanecer fieles a Cristo a causa del espíritu de doble ánimo, que con frecuencia los lleva a reincidir en las actividades delictivas. Estos necesitan aceptación, amor y liberación de aquellos quienes comprendan la revelación sobre esquizofrenia que plantean Frank e Ida Mae Hammond, y entiendan cómo trabaja el rechazo y la rebeldía para impedir que una persona desarrolle una personalidad estable.

¡EL RECHAZO SE DEBE IR!

Todos alguna vez hemos experimentado alguna forma de rechazo. De acuerdo con los ministros de liberación Noel y Phyl Gibson:

> Tras haber orado por los creyentes en muchas naciones, he llegado a la siguiente conclusión: la mayor enfermedad sin diagnosticar y, por ende, sin tratar en el Cuerpo de Cristo es el rechazo. El rechazo, ya sea activo o pasivo, real o imaginario, roba el señorío de Jesucristo sobre la vida de sus hijos y les roba la vitalidad y calidad de vida que Jesús destinó.[3]

Debemos poder identificar las causas de rechazo y poder levantarnos en contra de los demonios de rechazo, temor al rechazo, autorechazo, rechazo hereditario, raíces de rechazo y los espíritus conectados con el rechazo: herida, ira, amargura, furia, orgullo, temor, rebelión, etc. Todas estas cosas pueden atormentar su vida. Jesús no quiere que usted sea atormentado, sino que desea librarlo. Usted no está solo. Muchas personas necesitan liberación de estos demonios de rechazo y de los otros demonios que los acompañan. Dios quiere liberarnos a todos del espíritu de rechazo para que podamos traer liberación a nuestras familias, amigos y los que están a nuestro alrededor.

CAPÍTULO 5

COMO PECADO DE ADIVINACIÓN

El espíritu de rebeldía

Porque como pecado de adivinación es la rebelión, y como ídolos e idolatría la obstinación. Por cuanto tú desechaste la palabra de Jehová, él también te ha desechado para que no seas rey.

—1 SAMUEL 15:23

L A REBELDÍA ES una de las dos personalidades del espíritu de doble ánimo. Normalmente, ingresa en la vida de una persona como consecuencia del rechazo. Cuando presta atención al comportamiento de un niño pequeño, notará que la rebelión se manifiesta por lo general en el clamor para recibir atención. La raíz de la personalidad de rebeldía es la rebelión, desobediencia y falta de sumisión. La personalidad de rebeldía es la personalidad exterior; constituye el polo opuesto de la personalidad de rechazo, la cual es interna. La personalidad de rebeldía actúa, reacciona, se muestra.

Samuel reprendió al rey Saúl a causa de su rebelión comparándola con la adivinación, como puede leer en el versículo de apertura del presente capítulo.

ESPÍRITUS DEMONÍACOS ASOCIADOS A LA REBELDÍA

La rebeldía es un grupo de demonios en la personalidad de doble ánimo que comprende muchos otros espíritus relacionados. Aquí se detalla una lista de los espíritus asociados con la rebeldía que deben ser echados fuera.

Obstinación

La obstinación es ser terco y rehusarse a estar sujetos al yugo. Esta manifestación de rebeldía muestra falta de sumisión, rechazo a aprender e idolatría (1 Samuel 15:23). Por lo general, las personas obstinadas son incapaces de recibir ministración y corrección, ya que siempre piensan que tienen la razón. La obstinación también está conectada con el alcoholismo y la glotonería.

> Y dirán a los ancianos de la ciudad: Este nuestro hijo es contumaz y rebelde, no obedece a nuestra voz; es glotón y borracho.
> —DEUTERONOMIO 21:20

La obstinación le impide que sea fiel:

Y no sean como sus padres, generación contumaz y rebelde; generación que no dispuso su corazón, ni fue fiel para con Dios su espíritu.

—SALMOS 78:8

Como señalé anteriormente, Israel era un pueblo obstinado, así como también de doble ánimo. El término hebreo para obstinado es *carar*, que significa, recaída, rebelión, sublevación. El espíritu de doble ánimo es la causa principal de la rebeldía. Israel era obstinado y se resistía a ser guiado por el Espíritu Santo.

¡Duros de cerviz, e incircuncisos de corazón y de oídos! Vosotros resistís siempre al Espíritu Santo; como vuestros padres, así también vosotros.

—HECHOS 7:51

La obstinación puede bloquear el fluir del Espíritu Santo. Aquellos que son obstinados no se someten a Dios ni a su Espíritu. Asimismo, rechazan la Palabra de Dios. Muchos rechazan la verdad que se les habla hoy a causa de su obstinación. El cambio es parte de la vida, y no puede crecer sin enfrentarse al cambio. Debemos ser flexibles para cambiar con Dios. Siempre hay nuevas cosas por descubrir en el reino.

A menudo se hace referencia a Israel como un pueblo "duro de cerviz" (Éxodo 33:3). La expresión *duro de cerviz* se refiere a la obstinación. Esteban llamó a aquellos que resisten al Espíritu Santo "duros de cerviz" e "incircuncisos de corazón" (Hechos 7:51). Deuteronomio 31:27 dice: "Porque yo conozco tu rebelión, y tu dura cerviz". La versión Dios Habla Hoy dice: "Porque yo sé que ustedes son un pueblo rebelde y testarudo".

La obstinación es una forma de rechazo para arrepentirse y volverse de los caminos torcidos.

Salmo 75:5 dice: "No hagáis alarde de vuestro poder; no habléis con cerviz erguida". Hacer alarde significa jactarse de u ostentar el poder. Es decir, ser arrogante e irreverente. Quiere decir desafiar a Dios (desafío). Esto se encuentra asociado a ser duro de cerviz. El rechazo a escuchar, la falta de sumisión y el rechazo a aprender están conectados con la terquedad (Jer. 17:23). Estas también son manifestaciones de orgullo y leviatán.

Otra característica de este espíritu es que permanece firme y no se mueve (Job 41:23). Rendirse significa someterse ante una fuerza, argumento, persuasión o súplica. También significa renunciar a nuestros derechos. Las personas obstinadas (firmes e inamovibles) son controladas por la rebelión y el orgullo. Se rehúsan a rendirse.

Muchos creyentes sufren de endurecimiento del corazón al igual que los discípulos. Faraón endureció su corazón y fue destruido en el mar Rojo. El endurecimiento del corazón, juntamente con la obstinación, nos impiden caminar en la llenura de la bendición de Dios.

Engaño

Las personas vinculadas al espíritu de engaño, se engañan a sí mismas al creer que son alguien que no son. Esto constituye una personalidad falsa. Algunos tratan de superar el rechazo al creerse que son alguien importante, como un cantante, actor, amante, predicador, etc. El espíritu de engaño se acerca y dice: "Eres realmente alguien. ¡Eres un gigante espiritual [o de algún otro tipo]!". El engaño comprende el autoengaño, el autorechazo y la autoseducción.

Egoísmo

Ser egoísta implica estar principalmente o solamente preocupado por uno mismo. El rey Saúl se preocupaba ante todo por él y su reino. Se convirtió en una persona muy egoísta y obsesionada con preservar su gobierno. El espíritu narcisista se manifiesta a través del egocentrismo extremo. (Narciso, un personaje de la mitología griega conocido por su belleza, se enamoró de su propia imagen reflejada en una fuente).

Adivinación

Este espíritu se manifiesta de distintas maneras, entre ellas: la hechicería, la brujería, la intimidación, el control y la manipulación. Saúl, un ejemplo bíblico de rebeldía y de doble ánimo, consultaba a una adivina de Endor:

> Entonces Saúl dijo a sus criados: Buscadme una mujer que tenga espíritu de adivinación, para que yo vaya a ella y por medio de ella pregunte. Y sus criados le respondieron: He aquí hay una mujer en Endor que tiene espíritu de adivinación.
> —1 SAMUEL 28:7

También se manifestó el espíritu de adivinación cuando planeó atrapar a David y quitarle la vida por medio de la manipulación y el engaño:

> Y mandó Saúl a sus siervos: Hablad en secreto a David, diciéndole: He aquí el rey te ama, y todos sus siervos te quieren bien; sé, pues, yerno del rey.
> —1 SAMUEL 18:22

Luego Saúl se volvió contra su propio hijo Jonatán, quien defendía a David y lo acusó de elegir a David y no a él. Esta es otra característica de la personalidad de rebeldía: la acusación.

> Entonces se encendió la ira de Saúl contra Jonatán, y le dijo: Hijo de la perversa y rebelde, ¿acaso no sé yo que tú has elegido al hijo de Isaí para confusión tuya, y para confusión de la vergüenza de tu madre?
>
> —1 Samuel 20:30

Jezabel es otro ejemplo clásico de adivinación, para obtener lo que uno desea:

> Cuando vio Joram a Jehú, dijo: ¿Hay paz, Jehú? Y él respondió: ¿Qué paz, con las fornicaciones de Jezabel tu madre, y sus muchas hechicerías?
>
> —2 Reyes 9:22

El demonio de la adivinación puede también obrar en muchos otros tipos de relaciones. Un pastor puede buscar controlar a sus colaboradores o a todos los miembros de la congregación. Un empresario puede intimidar a sus empleados… Las personas que habitualmente usan la manipulación o la intimidación para controlar a otros se abren a la atadura e influencia del demonio de la adivinación. Si esto sucede, no serán capaces de relacionarse con nadie a parte de estas tácticas. Ya no será solamente la obra de la carne, sino un poder sobrenatural que puede llevar a quien quiera que controlen a una condición de esclavitud espiritual.[1]

Todo el plano de lo oculto se encuadra bajo la sombra de la adivinación. Esto incluye las falsas religiones, la adivinación del futuro, la Nueva Era, la percepción extrasensorial, la astrología, la hipnosis, las religiones orientales, la masonería, la telepatía, la quiromancia, entre otras. Estas constituyen todas manifestaciones de rebeldía. Las personas de doble ánimo por lo general se sienten atraídas al ocultismo.

Control y posesividad

Controlar es ejercer influencias autoritarias o dominantes sobre alguien; dirigir.[2]

> Las personas controladoras trabajan duro para manipular a las demás personas, eventos y circunstancias, para hacer que las cosas se hagan a su modo. Pasan su jornada laboral tratando de averiguar cómo dar vuelta, maquinar y manipular situaciones a su favor. Estas personas realmente se molestan y enfurecen cuando las cosas no salen como ellas quieren. Se convencen a sí mismas de que el mundo a su alrededor se desmoronará si no están en control, ya sea en sus hogares o trabajos o dondequiera que estén, en cualquier posición o situación en la que se encuentren. Deben tener el control para estar cómodos. Creen que nada puede hacerse bien; que nada bueno puede suceder sin ello, sin su aporte, sin su dirección y control.[3]

La posesividad es "tener o manifestar un deseo de controlar o dominar a otro, especialmente con el fin de limitar las relaciones de esa persona con otros…un deseo excesivo de poseer, controlar o dominar".[4] Esto puede verse en las relaciones individuales, e incluso en las relaciones entre líderes y seguidores.

Amargura

El centro de la personalidad de rebeldía está en la raíz de amargura (Hebreos 12:15). Profundizaré sobre este espíritu en el próximo capítulo porque es una fortaleza de gran importancia en la personalidad de rebeldía y a mucha gente se le hace difícil encontrar liberación del espíritu de doble ánimo.

Una persona puede desarrollar una raíz de amargura a partir del dolor que provoca el rechazo. La raíz de amargura posee espíritus relacionados, entre ellos: la falta de perdón, la ira, la furia, la violencia, la venganza, la represalia e incluso el asesinato. El término hebreo para amargura, *marah*, conecta la amargura con la rebeldía.

Marah significa "ser (causar, provocar) amargo (o desagradable); (figurativamente) rebelarse (o resistir, causar provocación); un cambio amargo, ser desobediente, desobedecer gravemente, provocación, provocar, (ser) rebelde (contra)".[5] La amargura es ira reprimida y se encuentra relacionada con la obstinación (negarse a perdonar).

A la persona rechazada a menudo se le dificulta perdonar. El rechazo hiere y crea una ofensa, la cual requiere de perdón. La falta de perdón puede producir amargura. La persona de doble ánimo generalmente recuerda vívidamente las heridas del pasado. A veces tienen problemas para rememorar. Los constantes recuerdos de ofensas del pasado mantienen viva la falta de perdón, la amargura y el odio. (Vea Hechos 8:23; Romanos 3:14; Efesios 4:31; 1 Samuel 18:11-12).

La amargura es un espíritu destructivo que puede arruinar la vida de una persona desde el interior hacia el exterior.

Conflicto

La persona de doble ánimo siempre tiene relaciones complicadas, ya que el "conflicto" comprende disensión, pelea, discusión, riña, pleito y conceptos similares. Existen muchas relaciones rotas que son el resultado del doble ánimo.

LOS PELIGROS DE LA REBELDÍA

La rebeldía le causará graves problemas y ataduras. Por el contrario, la obediencia y la humildad le traerán gran bendición a su vida. Tenga cuidado con la desobediencia y la rebeldía, arrepiéntase y reciba liberación si es necesario. Aquí se exponen algunos de los peligros de la rebeldía:

La rebeldía se equipara con la adivinación. (Vea 1 Samuel 15:23).

La rebeldía lo puede llevar a que habite en una tierra seca.

Dios hace habitar en familia a los desamparados; saca a los cautivos a prosperidad; mas los *rebeldes* habitan en tierra seca.
—SALMO 68:6, ÉNFASIS AÑADIDO

La rebeldía puede causar que more en tinieblas y sombra de muerte, aprisionado en aflicción y en hierros.

Algunos moraban en tinieblas y sombra de muerte, aprisionados en aflicción y en hierros. Por cuanto fueron *rebeldes* a las palabras de Jehová, y aborrecieron el consejo del Altísimo. Por eso quebrantó con

el trabajo sus corazones; cayeron, y no hubo quien los ayudase.
—SALMOS 107:10–12, ÉNFASIS AÑADIDO

La rebeldía puede causar que sea consumido a espada (muerte).

Si no quisiereis y fuereis *rebeldes*, seréis consumidos a espada; porque la boca de Jehová lo ha dicho.
—ISAÍAS 1:20, ÉNFASIS AÑADIDO

La rebeldía puede convertirlo en un enemigo de Dios.

Mas ellos fueron *rebeldes*, e hicieron enojar su santo espíritu; por lo cual se les volvió enemigo, y él mismo peleó contra ellos.
—ISAÍAS 63:10, ÉNFASIS AÑADIDO

La rebeldía puede traer dolor y cautiverio.

Jehová es justo; yo contra su palabra me *rebelé*. Oíd ahora, pueblos todos, y ved mi dolor; mis vírgenes y mis jóvenes fueron llevados en cautiverio.
—LAMENTACIONES 1:18, ÉNFASIS AÑADIDO

La rebeldía puede llevarlo a estar atribulado y a que sus entrañas (emociones) hiervan.

Mira, oh Jehová, estoy atribulada, mis entrañas hierven. Mi corazón se trastorna dentro de mí, porque me *rebelé* en gran manera. Por fuera hizo estragos la espada; por dentro señoreó la muerte.
—LAMENTACIONES 1:20, ÉNFASIS AÑADIDO

Dios puede y quiere perdonarlo de la rebeldía, y usted puede recibir su misericordia.

> De Jehová nuestro Dios es el tener misericordia y el perdonar, aunque contra él nos hemos *rebelado*.
> —DANIEL 9:9, ÉNFASIS AÑADIDO

La rebeldía nos lleva a tener un corazón de piedra. Dios no puede obrar en nosotros cuando nuestros corazones están endurecidos. Es por esto que en Ezequiel 36:26-30, Dios dijo:

> Os daré corazón nuevo, y pondré espíritu nuevo dentro de vosotros; y quitaré de vuestra carne el corazón de piedra, y os daré un corazón de carne. Y pondré dentro de vosotros mi Espíritu, y haré que andéis en mis estatutos, y guardéis mis preceptos, y los pongáis por obra. Habitaréis en la tierra que di a vuestros padres, y vosotros me seréis por pueblo, y yo seré a vosotros por Dios. Y os guardaré de todas vuestras inmundicias; y llamaré al trigo, y lo multiplicaré, y no os daré hambre. Multiplicaré asimismo el fruto de los árboles, y el fruto de los campos, para que nunca más recibáis oprobio de hambre entre las naciones.

Dios desea bendecirnos y multiplicar nuestros campos, para que nunca más recibamos oprobio. Parte de su plan de redención es llevarnos a lugares agradables y que vivamos una vida abundante y fructífera. Esto no sucederá si estamos en amargura, rebeldía, orgullo y con un corazón endurecido. Pero a través de la liberación somos transformados, sanados y restaurados al lugar en que Dios pueda comenzar a fortalecernos.

CAPÍTULO 6

AQUELLO QUE CONTAMINA

La raíz de amargura

*Mirad bien, no sea que alguno deje de alcanzar la gracia
de Dios; que brotando alguna raíz de amargura, os
estorbe, y por ella muchos sean contaminados.*

—HEBREOS 12:15

EL CENTRO DE la personalidad de rebeldía está en la raíz de amargura. Una persona puede desarrollar una raíz de amargura a partir del dolor que provoca el rechazo. La raíz de amargura posee espíritus relacionados, entre ellos: la falta de perdón, la ira, la rabia, la violencia, la venganza, la represalia e incluso el asesinato.

Como mencioné anteriormente, *marah* es el término hebreo para amargura, el cual significa "ser (causar, provocar) amargo (o desagradable); (figurativamente) rebelarse (o resistir, causar provocación); un cambio amargo, ser desobediente, desobedecer gravemente, provocación, provocar, (ser) rebelde (contra)".[1] En el próximo capítulo, explicaré más detalladamente el significado de *marah*.

Al analizar los diferentes matices del significado, está claro que la rebeldía y la amargura tienen la misma raíz. Comúnmente se dice que si permanece en rebeldía, se volverá amargo, y si se vuelve amargo, se convertirá en rebelde. Cuando trata con alguien rebelde, a menudo descubrirá que ha tenido o tiene amarguras. La amargura también está conectada con el rechazo. Cuando una persona ha sido rechazada, por lo general se rebela y da lugar a la amargura. Debido a que el rechazo causa un inmenso dolor, muchas personas no pueden perdonar y se vuelven resentidas y amargadas.

Uno de los principales deseos de Satanás es que seamos rebeldes; si desobedecemos y nos rebelamos contra Dios y su Palabra, entonces abrimos nuestras vidas para que sean destruidas. La Biblia dice: "Si quisiereis y oyereis, comeréis el bien de la tierra; si no quisiereis y fuereis rebeldes, seréis consumidos a espada; porque la boca de Jehová lo ha dicho" (Isaías 1:19-20).

La rebeldía es una fuerza o demonio muy destructivo en la vida de una persona. Si usted quiere obedecer a Dios, si quiere someterse a Dios, si quiere la bendición del Señor sobre su vida, esté dispuesto a obedecer y "comeréis el bien de la tierra".

Un día escuchaba las noticias y oía en el programa a la gente pobre burlarse de los ricos. El único problema con esto es el hecho de que la mayoría de los pobres quisieran ser ricos. Todos quieren las bendiciones de Dios y cuando no la tienen, hablan sobre aquellos que sí la han alcanzado. La gente quiere ser bendecida. Nadie quiere vivir su vida en maldición. Nadie quiere vivir con problemas. Nadie quiere ser

derrotado. Nadie quiere ser la cola. Nadie quiere ser último.
Nadie quiere sufrir. Nadie quiere estar triste. Todos quieren
las bendiciones del Señor en sus vidas. Quieren saber qué
pueden hacer para ser bendecidos. Bien, Isaías 1:19 nos dice:
"Si quisiereis y oyereis, comeréis el bien de la tierra".

Las bendiciones de Dios siempre vienen por haber obede-
cido su voz, por lo que uno de los caminos para no ser bendecido es ser desobediente, estar en rebeldía y tener un corazón
endurecido. Si obramos en rebeldía contra la Palabra de Dios
y el plan de Dios, vamos en el sentido opuesto y por supuesto
nuestras vidas no serán bendecidas. Por ende, definitivamente no queremos nada en nuestras vidas que nos llene de
amarguras, ya que esta es una de las raíces de la rebeldía.

La Biblia dice en el libro de Éxodo, capítulo 1, que los egipcios amargaron las vidas del pueblo de Israel con dura ser-
vidumbre (Éxodo 1:13-14). Puede tener amarguras solo por
atravesar muchas circunstancias en la vida. Puede enojarse
con amargura contra Dios, culparlo y cuestionarlo: "¿Por qué
mi vida es tan complicada? ¿Por qué me sobrevienen tantas
dificultades? ¿Por qué siempre estoy luchando?". El abuso,
maltrato, violación, abuso sexual, abandono, rechazo, dolor,
desamor, tristeza y pena también pueden causarle amargura.

Existen tantas formas distintas en que la vida puede dejarle
un gusto amargo. Tiene que guardar su corazón porque de él
mana la vida. No puede permitir que entre la amargura o la
falta de perdón en su corazón. Si permite que la falta de perdón
o la amargura tomen lugar en su vida, abrirá la puerta a la rebeldía y no caminará en las bendiciones de Dios. Por lo tanto,
es muy importante que nos guardemos de la falta de perdón,
del resentimiento, de la amargura, de la ira, del odio, de la venganza, de las represalias, entre otras cosas. Sin importar qué
nos haya sucedido en la vida, cuando nos despojamos de cosas

y perdonamos, también podremos recibir la liberación a fin de que podamos caminar verdaderamente en la sanidad, salud, prosperidad, favor y en la bendición de Dios.

Hemos tratado con muchas personas en el ministerio de liberación con tales espíritus. A veces estos espíritus están reprimidos, ocultos y no se ven con facilidad. Con algunas personas, desde el momento que hablan, usted puede percibir su amargura. Por el contrario, también están aquellos cuya amargura se encuentra oculta. Ni siquiera se imaginaría que estén en amargura. Es por ello que Hebreos 12:15 habla de una "raíz de amargura": "Mirad bien, no sea que alguno deje de alcanzar la gracia de Dios; que brotando alguna raíz de amargura, os estorbe, y por ella muchos sean contaminados". Una raíz es algo que está bajo tierra, por lo que no puede verse. La raíz alimenta al árbol. El árbol produce fruto, pero usted no puede ver la raíz. Esta es la fuente de vida de un árbol o de una planta. Por lo que si usted quiere destruir el fruto, debe cortar primeramente las raíces.

> Y ya también el hacha está puesta a la raíz de los árboles; por tanto, todo árbol que no da buen fruto es cortado y echado en el fuego.
>
> —Mateo 3:10

¿Cómo llegar a la raíz?

Además de los espíritus de rechazo y rebeldía, la amargura es también el resultado de la ira reprimida y está conectada con la obstinación (negarse a perdonar). A la persona rechazada (y por ende, rebelde) a menudo se le dificulta perdonar. El rechazo hiere y crea una ofensa, la cual requiere de perdón. La persona de doble ánimo generalmente recuerda vívidamente las heridas del pasado. Los constantes recuerdos de ofensas del pasado mantienen viva la falta de perdón, la amargura y el odio.

También podemos ver cómo la amargura está conectada con la hechicería a través de la historia de Simón el mago, específicamente en Hechos 8:23, justo después de que el apóstol Pedro reprendió a Simón por no tener un corazón recto delante de Dios: "Porque en hiel de amargura y en prisión de maldad veo que estás". Algo en la vida de Simón lo llenó de amargura e hizo que el espíritu de hechicería entrara en él. Como señalé en el capítulo anterior, la hechicería está conectada directamente con la rebeldía. Simón el mago, al igual que Jezabel, actuaban bajo el dominio del espíritu de rebeldía.

La amargura también se expone a través de la maldición, ira y malicia:

> Su boca está llena de maldición y de amargura.
>
> —ROMANOS 3:14

> Quítense de vosotros toda amargura, enojo, ira, gritería y maledicencia, y toda malicia.
>
> —EFESIOS 4:31

La amargura puede producir furia y muerte, como nos es revelado a través de la historia de Saúl y David. En una ocasión, la amargura de Saúl se manifestó a través de la furia y muerte cuando le arrojó una lanza a David:

> Y arrojó Saúl la lanza, diciendo: Enclavaré a David a la pared. Pero David lo evadió dos veces. Mas Saúl estaba temeroso de David, por cuanto Jehová estaba con él, y se había apartado de Saúl.
>
> —1 SAMUEL 18:11–12

La raíz de amargura se manifiesta a través de:

- Enojo
- Falta de perdón
- Odio
- Venganza
- Violencia
- Discusión

- Ira
- Conflicto
- Muerte
- Represalia
- Carácter
- Contienda

La amargura es una raíz, por lo tanto es más difícil identificarla y exponerla que muchas otras cuestiones superficiales; no obstante, es un veneno mortal que debe ser liberado. Si no se trata, crecerá y se agravará; y tiene la capacidad de hacer surgir emociones superficiales tales como la irritabilidad, la ira, el odio, etc. Las personas que tienen una raíz de amargura a menudo se ofenden con facilidad por asuntos menores. Les es más fácil mirar las circunstancias que los rodean como las razones de sus problemas, en vez de ver cómo están manejando dichas circunstancias. En vez de olvidar y perdonar, permiten que les afecte y los devora vivos. Este es un camino muy común por el cual los demonios hoy entran en las personas.[2]

¿Qué nos enseña la Biblia sobre el demonio de amargura?

Cuando enseño sobre la materia de liberación, a veces prefiero utilizar el término *demonio* en vez de *espíritu* ya que *demonio* hace referencia a lo que realmente es: un demonio. No tiene que existir ninguna duda de que estamos tratando con demonios. En la Biblia, Jesús dice: "En mi nombre echarán fuera demonios" (Marcos 16:17). La versión *King James* de la Biblia utiliza la palabra *"devils"* [enemigos]. Estos dos términos son intercambiables.

Es necesario que el demonio de la amargura sea echado fuera de nuestras vidas. El primer paso para hacerlo es llamarlo por su nombre: la amargura es un demonio que causa estragos en las vidas de las personas y les impide experimentar todas las bendiciones del pacto con Dios. En esta sección, lo llevaré a través de la Biblia para ayudarlo a comprender plenamente cómo esta fuerza demoníaca obra en contra del creyente.

Si usted busca la palabra *amargo* y *amargura* en una concordancia bíblica, encuentra la primera vez que esa palabra o palabras se mencionan en la Biblia y comienza a leer y a estudiar desde esa primera referencia, está practicando lo que se denomina la ley de la primera referencia o la ley de la primera mención. Este es "un principio que requiere que uno vaya a esa porción de la Escritura donde se menciona por primera vez una doctrina y estudia el primer hecho de la misma a fin de entender el significado inherente fundamental de dicha doctrina".[3] Por lo general, el Espíritu de Dios usará esa primera referencia para darle una revelación sobre ese tema en particular. De esta misma forma, lo guiaré para que aprenda más sobre este demonio.

¿Cómo entra la amargura?

La primera vez que se menciona la palabra *amargo* en la Biblia es en Génesis 27:34, con relación a Esaú. Pero si estudiamos este versículo en contexto, vemos cómo la amargura entra por primera vez en la vida de una persona:

Cuando Esaú oyó las palabras de su padre, clamó con una muy grande y muy amarga exclamación, y le dijo: Bendíceme también a mí, padre mío.

Y él dijo: Vino tu hermano con engaño, y tomó tu bendición.

Y Esaú respondió: Bien llamaron su nombre Jacob, pues ya me ha suplantado dos veces: se apoderó de mi primogenitura, y he aquí ahora ha tomado mi bendición. Y dijo: ¿No has guardado bendición para mí?

Isaac respondió y dijo a Esaú: He aquí yo le he puesto por señor tuyo, y le he dado por siervos a todos sus hermanos; de trigo y de vino le he provisto; ¿qué, pues, te haré a ti ahora, hijo mío?

Y Esaú respondió a su padre: ¿No tienes más que una sola bendición, padre mío? Bendíceme también a mí, padre mío. Y alzó Esaú su voz, y lloró.

Entonces Isaac su padre habló y le dijo: He aquí, será tu habitación en grosuras de la tierra, Y del rocío de los cielos de arriba; Y por tu espada vivirás, y a tu hermano servirás; Y sucederá cuando te fortalezcas, Que descargarás su yugo de tu cerviz.

Y aborreció Esaú a Jacob por la bendición con que su padre le había bendecido, y dijo en su corazón: Llegarán los días del luto de mi padre, y yo mataré a mi hermano Jacob.

—GÉNESIS 27:34–41

Este pasaje revela la primera forma en que la amargura puede entrar en la vida de una persona. Cuando a una persona se le quita o roba algo de manera ilícita que le pertenece, esta siente que alguien le ha quitado de su vida el honor o la bendición que por derecho le pertenecía, o que alguien la ha estafado. Esto es particularmente difícil para los hombres. Esa posición, bendición, esas finanzas, lo que sea, le deberían haber pertenecido. Uno cree que algo legítimamente le pertenece, pero de alguna forma un "Jacob" —un individuo que roba lo que legítimamente le pertenece a otra persona— viene y lo engaña para sacarle algo que es suyo.

Esaú debió haber recibido la bendición porque era el primogénito, pero su hermano, Jacob, se hizo pasar por Esaú para robarle su bendición. Una vez librada esa bendición, no se podía volver atrás. Esto le causó a Esaú amargura.

Todos hemos conocido a personas que creen que han sido estafadas. Existen muchos que sienten que se los ha tratado injustamente. Personas que no obtuvieron el empleo o el ascenso, no tuvieron la bendición que esperaban, el esposo o esposa por el/la que habían orado, y así sucesivamente. Ahora están con amarguras y enojados. Algunos se sienten tan molestos que quieren herir o matar a la persona que ven como responsable por lo que no obtuvieron. Creen que las circunstancias que rodean su pérdida son completamente injustas: "Me robaron, me engañaron, alguien me mintió, y yo no recibí lo que me pertenece". Así es cómo entra el demonio de amargura en la vida de una persona.

La única forma de mantener su corazón libre de amarguras es caminar en amor y en perdón. Pero cuando se obra conforme a la carne (Esaú representa la carne) siempre responderá según la carne, a través de la ira, el odio y la muerte. Si obra en el Espíritu, no responderá con amargura, ya que no es la manera en la que obra el Espíritu.

Como mencioné anteriormente, Esaú representa la carne. Su nombre significa "velludo" y "áspero".[4] Hebreos 12:16 llama a Esaú "profano", que significa denigrar, que no demuestra el respeto debido, irreverente, vulgar. En esencia, era un hombre impío, mundano y carnal. Su comportamiento demuestra cómo reacciona la carne cuando siente que ha sido ofendida. La carne siempre abre la puerta a la amargura, ira, odio y muerte. Vemos que todos estos demonios se manifestaron en el pasaje anterior.

Antes de ser salvos, todos vivimos según la carne. Todavía no tenemos al Espíritu de Dios habitando en nosotros, quien nos ayuda a superar las heridas y el mal que pueden hacer las personas. La vida está llena de personas que maltratan y roban; así es la vida. Siempre habrá alguien que trate de aventajarlo para quitarle lo que le pertenece. Satanás intentará destruirlo mediante las acciones de otras personas. Todos nosotros debemos afrontar este hecho en la vida. Es cierto que existen cosas que legítimamente le pertenecen, ya sea porque las ha ganado o ha alcanzado el favor para las bendiciones, una posición, un ascenso u honor. Pudo haber ganado el moño azul en la feria estatal por haber tenido el cerdo más gordo. Sin embargo, el enemigo siempre usará a personas para robarle, a fin de destruir su vida a través de la amargura.

La segunda forma en que la amargura puede entrar en su vida es a través de los ataques de Satanás. Piense en Job, quien fue atacado por Satanás y perdió su familia, su casa y su salud.

Cuando usted lee el primer capítulo de Job, se da cuenta de lo terrible que es. Cada vez que algo malo sucedía, Job se postraba y decía: "Jehová dio, y Jehová quitó; sea el nombre de Jehová bendito".

Algunos cristianos usan este versículo para justificar que todo lo que les sucede proviene del obrar de Dios. Sin embargo, no era el Señor quien le estaba quitando todo a Job, sino Satanás. Es por esto que hacia el final del libro de Job, Dios aparece y reprende a Job. Job expresó muchas cosas que no eran ciertas. Cuando uno lee este libro, comprende que mucho de lo que dijo Job no era inspirado por Dios. Sus palabras fueron registradas con exactitud, pero lo que salió de su corazón no era de Dios. Job no tenía la Biblia como nosotros. No tenía todos los recursos espirituales e información histórica que dan testimonio del carácter de Dios como tenemos ahora. Su conocimiento sobre Dios era limitado al momento de su sufrimiento. Dios no se le reveló a Job sino hasta después, pero en este punto, Job hablaba con dolor y amargura.

Es una pena cómo la amargura lleva a algunas personas a culpar a Dios por todo lo malo que les ha sucedido. Algunos creen que si Dios permite que sucedan todas las cosas, también permite que cosas malas les acontezcan y le preguntan a Dios: "Dios, ¿por qué permitiste que me sucediera esto?". Hay personas que han dejado su relación con Dios porque les sucedió algo trágico y culpan a Dios por ello. En otro nivel, están aquellos que hasta dejan de creer que hay un Dios. Se preguntan: "Si Dios existe, ¿por qué nos sobrevienen todas estas cosas a mí y a mi familia?". No entienden que Dios es Dios, pero que también está el diablo que vive en este planeta. No todo lo que sucede es la voluntad de Dios. Dios lo permite, pero no lo ejecuta.

El diablo ataca a las familias, los bienes y la salud física. Su estrategia es robar, matar y destruir cada área en la vida de una persona. Él y sus demonios causan tanto daño sobre las vidas porque las personas no tienen un gran conocimiento sobre la guerra espiritual y las huestes demoníacas. Algunos ni siquiera son salvos. Desconocen cómo defenderse y abren sus vidas a la amargura contra otros y contra Dios. Por lo tanto, hay muchos con amargura en la tierra que no saben cómo vencerla. Asimismo, desconocen cómo frenar los ataques del enemigo. El enemigo solo entra para destruir.

Y vino un mensajero a Job, y le dijo: Estaban arando los bueyes, y las asnas paciendo cerca de ellos y acometieron los sabeos y los tomaron, y mataron a los criados a filo de espada; solamente escapé yo para darte la noticia.

Aún estaba éste hablando, cuando vino otro que dijo: Fuego de Dios cayó del cielo, que quemó las ovejas y a los pastores, y los consumió; solamente escapé yo para darte la noticia.

Todavía estaba éste hablando, y vino otro que dijo: Los caldeos hicieron tres escuadrones, y arremetieron contra los camellos y se los llevaron, y mataron a los criados a filo de espada; y solamente escapé yo para darte la noticia.

Entre tanto que éste hablaba, vino otro que dijo: Tus hijos y tus hijas estaban comiendo y bebiendo vino en casa de su hermano el primogénito; y un gran viento vino del lado del desierto y azotó las cuatro esquinas de la casa, la cual cayó sobre los jóvenes, y murieron; y solamente escapé yo para darte la noticia.

Entonces Job se levantó, y rasgó su manto, y rasuró su cabeza, y se postró en tierra y adoró, y dijo: Desnudo salí del vientre de mi madre, y desnudo volveré allá. Jehová dio, y Jehová quitó; sea el nombre de Jehová bendito.

—Job 1:14–21

El problema principal aquí es que no fue el Señor quien quitó, fue el diablo. Hemos escuchado esta enseñanza una y otra vez en nuestras iglesias, y para muchos de nosotros, nuestra perspectiva sobre estos versículos es muy religiosa.

Es tiempo de atar al enemigo. Cuando cosas como las que le sucedieron a Job vengan sobre su vida, no se arrodille y diga: "El Señor está matando a mi familia. El Señor está matando a mis hijos. El Señor quemó mi casa". Por el contrario, comience a tomar la autoridad que le ha sido dada en el Espíritu a través de Jesús y reprenda al enemigo. ¡Ore!

Cuando sobrevengan situaciones a su vida, necesita conocer cómo abordarlas. De lo contrario, se volverá un religioso y amargado. Entonces comenzará a señalar a Dios diciendo: "Dios, ¿por qué hiciste que me enfermara?". Esto es lo que la religión nos ha enseñado. Escucha: Dios es un Dios bueno. Él no viene para matar a sus hijos. Fue Satanás quien se acercó a Dios en la historia de Job. Dios simplemente le dijo a Satanás: "He aquí, todo lo que tiene está en tu mano"; pero luego se detuvo y dijo: "solamente no pongas tu mano sobre él". (Vea Job 1:12). Aparentemente, Satanás no sabía que tenía el poder para hacer lo que quisiese. Recuerda que Job vivió antes de Abraham y es una de las figuras más longevas en la Biblia. Como mencioné anteriormente, Job no tenía una gran revelación de todo lo que conocemos hoy sobre Dios. No tenía una Biblia de Génesis a Apocalipsis, las epístolas ni los profetas; tampoco tenía la unción profética. No tenía nada de lo que tenemos hoy. Estamos hoy en un lugar mucho mejor que el de Job en su época. Job no tenía al Espíritu Santo. No había sido salvo por la sangre de Jesús como somos nosotros. Job fue un hombre que amaba y temía a Dios, pero su revelación de Dios no era como la que tenemos hoy; por lo tanto se quejaba.

Job se molestó. Me lo imagino diciendo: "He servido a Dios todos estos años, ¿y ahora Él permite que me acontezca esto? He vivido en santidad. Conozco a personas que son peores que yo, que van conduciendo por la carretera fumando cigarros y ellos no tienen ningún problema". Si trasladamos esta situación a nuestros días, al igual que muchos creyentes, Job hubiese dicho: "No hablan en lenguas, tampoco sirven a Dios". Es difícil cuando sobrevienen los ataques del enemigo y usted piensa que está llevando una vida justa, y las personas que están en iniquidad parecerían no verse afectadas por el enemigo. ¡No parece que fueran atacadas! Pero el enemigo no pelea por aquellos que se encuentran perdidos, sino que pelea por aquellos que son de Dios. Como cristiano, usted es un blanco para el enemigo porque le pertenece a Dios, y Satanás aborrece a Dios. Mas Dios le librará no solo de la cautividad de la tragedia sino también de toda amargura que resulte de la misma, tal como lo hizo con Job:

> Y quitó Jehová la aflicción de Job, cuando él hubo orado por sus amigos; y aumentó al doble todas las cosas que habían sido de Job.
>
> —JOB 42:10

Lo cierto es que la vida le puede causar amarguras, pero usted puede ser librado y caminar en el Espíritu.

La amargura afecta el apetito
La amargura puede afectar su apetito.

> Y este otro morirá en amargura de ánimo, y sin haber comido jamás con gusto.
>
> —JOB 21:25

Quiero poder disfrutar de la comida. No quiero tener flatulencias, indigestión ni úlceras. Tampoco quiero tener que tomar Maalox con cada comida. Existe toda clase de píldoras, tabletas y pociones en el mercado diseñadas para personas que no pueden comer a causa de la amargura (problemas en el estómago, intestinos, entre otros). Dios no quiere eso para usted. Planeo comer bien todos los días de mi vida.

Note también que este versículo nos sugiere que algunas personas mueren de amargura, lo cual me lleva a la próxima revelación bíblica sobre la amargura.

La amargura abre la puerta al espíritu de muerte

> ¿Por qué se da luz al trabajado, y vida a los de ánimo amargado, que esperan la muerte, y ella no llega, aunque la buscan más que tesoros; que se alegran sobremanera, y se gozan cuando hallan el sepulcro?
>
> —JOB 3:20–22

Puede convertirse en una persona tan amargada que sienta ganas de morir. Puede experimentar tanta miseria y tanta amargura que solo espera la muerte porque siente que no vale la pena vivir la vida. Jesús vino para que pueda tener una vida abundante. Él no vino para que usted llegue hasta cierto punto en su vida y diga que no quiere vivir más. La vida es dura, es cierto. Hay bombardeos en Iraq, Afganistán y Englewood. Pudo haber sido abandonado por su hijo, su gato y su perro. Puede sentir que el mundo es tan malo o que sus circunstancias personales son tan malas que ya no quiera vivir más. Escuche: ¡el gozo del Señor es su fortaleza!

Note que en el versículo anterior estar trabajado y de ánimo amargado están en la misma categoría. Estos son demonios, y debe sacarlos de su vida. No permita que la miseria y la amargura lo destruyan.

La amargura abre la puerta a pecados sexuales

Porque los labios de la mujer extraña destilan miel, y su paladar es más blando que el aceite; mas su fin es amargo como el ajenjo, agudo como espada de dos filos. Sus pies descienden a la muerte; sus pasos conducen al Seol. Sus caminos son inestables; no los conocerás, si no considerares el camino de vida.

—PROVERBIOS 5:3–6

Este versículo es una advertencia para los hombres y los instruye a que no se involucren en pecados sexuales. Si se involucran con mujeres extrañas, el resultado final será amargura en su vida. Es por esta razón que muchos hombres necesitan liberación del espíritu de amargura. Llevan la amargura a sus matrimonios. Muchos hombres, como Esaú, que sienten que la vida los ha engañado; o como Job, que son sometidos al ataque de Satanás, se involucran con mujeres extrañas, y luego cuando contraen matrimonio, el enemigo usa su amargura para destruir el mismo. No es de extrañar que la Biblia dice en Colosenses 3:19: "Maridos, amad a vuestras mujeres, y no seáis ásperos con ellas". Mujeres, nunca contraigan matrimonio con un hombre en amargura. Asegúrese de que primeramente haya sido librado.

Los hijos necios pueden traer amargura

El hijo necio es pesadumbre de su padre, y amargura a la que lo dio a luz.

—PROVERBIOS 17:25

Esto posiblemente no sorprenda a aquellos que han tenido hijos. Note en este versículo que la amargura entra en la madre si ha dado a luz a un hijo necio. Por lo tanto, si sus hijos hacen cosas necias, sus acciones pueden abrir la puerta a la amargura en su vida. Satanás usará todo lo que esté en su poder para atarlo con amarguras. Usará a su cónyuge, sus hijos, otras relaciones, ataques, lujuria o mujeres extrañas. Todo aquello que usted no pueda manejar puede abrir la puerta a la amargura, como la falta de perdón, odio, enojo, ira, muerte, incapacidad para comer con placer, etc. Necesitamos ser libres de la amargura.

La amargura se manifiesta por la palabra

> Que afilan como espada su lengua; lanzan cual saeta suya, palabra amarga, para asaetear a escondidas al íntegro; de repente lo asaetean, y no temen.
>
> —SALMO 64:3–4

Las personas con amargura hablan cosas crueles que pueden lastimarle. Un esposo con amargura usa su lengua para herir a su esposa. Una esposa con amargura hará lo mismo. Las palabras de una persona amarga son como flechas que atraviesan los corazones de quienes la rodean. Por tal motivo, es tan terrible tener amarguras en un matrimonio. Una pareja que tiene amarguras el uno con el otro, se dirán palabras tan fuertes y crueles hasta que se abran las heridas de un corazón quebrantado. Las palabras duelen.

La Biblia dice: "Maridos, amad a vuestras mujeres" (Efesios 5:25). El amor es benigno. El amor habla palabras bondadosas. Luego, Colosenses 3:19 no solo instruye a los maridos a amar a sus mujeres, sino también agrega la advertencia: "y no seáis ásperos con ellas". El Espíritu de Dios les dice específicamente a los hombres que no sean ásperos con sus mujeres porque hay una tendencia y una tentación para los hombres casados de descargar su amargura contra sus esposas. Los hombres llenos de amarguras son la causa de muchos de los problemas maritales y divorcios.

Esto no quiere decir que las mujeres no puedan tener amarguras. Todos pueden verse afectados por el espíritu de amargura, pero en esta escritura en particular, específicamente se les instruye a los hombres a que no sean amargos contra sus mujeres. Tras haber tratado con muchas mujeres en consejería, he hablado con esposas que se preguntan por qué sus esposos son tan abusivos (verbalmente y físicamente) y crueles con ellas. Por lo general, la causa principal del maltrato del hombre hacia su mujer se debe a que no han tratado esas amarguras en su propia vida.

Cuando usted tiene amarguras se vuelve enojado y abusivo. Debido a que los maridos y sus mujeres son cercanos (el matrimonio es el vínculo más cercano que puede tener) las mujeres a menudo sufren porque sus maridos no han resuelto sus amarguras. Las amarguras de un hombre pueden destruir su matrimonio y su familia. Tiene también un efecto en los hijos. Aunque la amargura oprime tanto a hombres como a mujeres, tiendo a concentrarme más en los hombres porque en la vida se encontrará con muchos hombres que no han sabido tratarla.

¿Cómo puede darse cuenta si está en amargura? Preste atención a su tono de voz y su forma de hablar. ¿Son sus palabras cortantes, ásperas, penetrantes e hirientes? He ministrado a personas que dicen: "No comprendo por qué hablo así". Es porque existen amarguras sin resolver en su corazón y se descarga contra otros con su manera de hablar. Las palabras amargas expresadas por personas amargadas también afectan el modo de relacionarse en la iglesia. Algunos son heridos en la iglesia por aquellos que aún no han sido libres del espíritu de amargura. Esta constituye otra razón por la cual es tan importante prestar atención a lo que sale de su boca. Si solo salen de su boca palabras duras y cortantes, y todos a su alrededor siempre se ofenden y se desaniman, entonces puede necesitar liberación del espíritu de amargura.

Naciones enteras en amarguras

> Porque he aquí, yo levanto a los caldeos, gente amarga y presurosa, que camina por la anchura de la tierra para poseer las habitaciones ajenas.
>
> —HABACUC 1:6, JBS

No solamente una persona puede estar en amargura, sino que también se extiende a todo un pueblo. Los caldeos o los babilonios eran una nación amarga. Esto los incitó a la violencia y a la crueldad. Cuando iban a poseer una tierra, estos mutilaban y mataban. Al pensar en diferentes naciones, especialmente aquellas en el mundo islámico, y veo todo su odio hacia otras naciones, creo que la amargura es la causa de fondo.

Existen naciones enteras que creen que se las ha tratado de manera injusta. En lo personal, no creo que haya naciones pobres. Dios ha dado recursos a cada nación, tales como petróleo, diamantes, oro, entre otros. Cada nación posee algo que Dios le ha dado para generar riquezas. Algunas tienen gobiernos corruptos y sus líderes se roban el dinero y dejan a millones de personas en pobreza.

África, por ejemplo, no es un continente pobre. Hay más recursos —diamantes, salinas, oro, hierro, cobalto, uranio, cobre, bauxita, plata, petróleo, granos de cacao, madera y frutas tropicales—en África que en cualquier otro continente. El problema con África son sus gobernantes, quienes le han robado a la gente millones de dólares, dejándolos con amarguras y enojos; preguntándose "¿Por qué sufrimos de este modo?".

A veces el enemigo usa este tipo de desgracia para provocar que las personas se levanten con amargura y enojo contra América, deseando su desaparición. En cambio, deberían mirarse a sí mismas para averiguar cómo resolver sus propios problemas. La amargura hará que culpe a los demás por sus problemas. La amargura siempre le dirá: "Es su culpa. Está arruinado a causa de lo que le hicieron". Asimismo, le impedirá poder ver sus propios errores.

El enemigo destruye naciones enteras a través de la amargura.

¿Por qué se amotinan las gentes, los pueblos piensan cosas vanas?

—Salmos 2:1

No permita que el enemigo lo destruya a causa de la amargura. Tenemos que ser liberados y caminar en amor. Si usted está amargado, no camine en negación. Admítalo y obtendrá la liberación.

La amargura está conectada con el alcohol

No beberán vino con cantar; la sidra les será amarga a los que la bebieren.

—Isaías 24:9

Cuando con mi equipo ministramos a alcohólicos, normalmente echamos fuera demonios de amargura. Estos van de la mano. Las drogas y el alcohol constituyen otras puertas de entrada a la amargura.

TODOS NECESITAMOS LIBERACIÓN DEL ESPÍRITU DE AMARGURA

Dios tiene preparado un futuro para usted. La amargura, la ira, la falta de perdón son ladrones de destinos, demonios y enemigos que lo mantienen vinculado a su pasado y le roban su futuro. Pero Dios quiere romper todo vínculo que lo conecta a un pasado doloroso a fin de que usted pueda avanzar en el propósito que Dios le tiene preparado. Debemos orar y pedirle a Jesús que nos muestre todo recuerdo oculto o reprimido que esté causando amargura en nuestras vidas. Algunas personas padecen o luchan con lo que se denomina retrospectiva. Esto sucede cuando una persona recuerda cada cosa mala que le ha acontecido y todo lo que alguien le ha hecho. Tiende a recordar estas cosas y guardarlas en su interior y por lo general resurge cuando la persona le vuelve a hacer lo mismo. Dicha acción le recuerda lo que ya le habían hecho en el pasado.

Cuando Dios nos perdona, arroja nuestros pecados en el mar del olvido o en las profundidades del mar (Miqueas 7:19). Él los olvida y no nos los recuerda. El recibir la sanidad de Dios en estas áreas nos dará el poder para perdonar. Esto no significa que usted olvidará los hechos por completo; pero cuando los recuerde, no sentirá el mismo dolor, herida y enojo. Seguramente no desea que acontecimientos en su pasado le impidan avanzar hacia su futuro.

Las personas que tienen una raíz de amargura también tienden a ser muy controladoras y posesivas. Este tipo de control y posesividad las hacen sentir que dominan la situación. Quieren controlar todo para no tener que afrontar en sus vidas situaciones indeseadas. No quieren sentir el dolor del rechazo ni la decepción, por lo cual tratan de controlar las consecuencias. Creen que si no están en control, hay mayores posibilidades de ser heridos, rechazados o de experimentar el dolor. El control y el dominio son maneras de controlar las consecuencias. Aquí lo que está realmente en juego es el temor (temor a ser heridos, temor al fracaso, temor a la decepción, etc.).

El problema es que resulta imposible tratar de controlar cada circunstancia. No podemos controlar qué hacen o dicen las personas; no obstante, sí podemos controlar nuestra manera de responder, nuestra forma de pensar y cómo permitiremos que lo que hagan o digan otros afecte nuestras vidas.

Sea amable, gentil y compasivo

Siempre habrá cabezas huecas, necios, idiotas y personas egoístas y abusivas en la vida. Las personas pecadoras, malas e impías harán y dirán cosas sin tener en cuenta a nadie más. Siempre existirán tales personas, a quienes conocemos todo el tiempo.

Quizás se haya preguntado: "¿Cómo puede la gente ser tan mala? ¿Cómo pueden hacer tales cosas? O, ¿cómo alguien pudo hacerme esto? ¿Cómo alguien me puede maltratar de este modo?". Debe ser cuidadoso, porque esto puede llevarlo a pensar que la única forma de vivir con tales personas es actuando de la misma forma. Seguramente habrá escuchado la expresión "Tiene que pagar con la misma moneda". Esta forma de pensar no es correcta para un creyente.

Nunca se permita actuar como ellos, si quiere la bendición de Dios sobre su vida. Debe procurar ser amable, cortés, gentil, afectuoso, considerado y justo. Esto es lo que Dios espera de usted. Espera que sus santos tengan un estándar justo. El estándar de la mayoría de las personas es demasiado bajo. Piensan que no son tan malos porque se comparan con otros peores que ellos. ¿Es usted amable, gentil, cortés y compasivo, no solo a veces pero en su vida cotidiana? Este es el estándar al que debemos acostumbrarnos y por el cual vivir nuestras vidas; y si necesita liberación, entonces búsquela.

Lamentablemente, algunas personas son así en sus matrimonios. No son amables, gentiles, corteses ni compasivos hacia sus cónyuges. Algunas personas casadas se tratan mutuamente de forma agresiva, porque también tienen amarguras, heridas y rencores. Muchas veces he tratado con matrimonios que tienen amarguras, son de doble ánimo y están llenos de rechazo y rebeldía. No han sido liberados. Incluso algunos desconocen el ministerio de liberación porque no se practica en sus iglesias. Por lo tanto, llevan todas sus cargas al matrimonio; y antes de que se dé cuenta, están peleando como perros y gatos. Este no es el carácter que nos muestra Dios.

No solo para mujeres

Ser amable, gentil y tierno no son cualidades que solo las mujeres deben tener. Los hombres también necesitan comportarse de este modo hacia sus esposas, sus hijos y otras relaciones. La peor combinación es cuando una persona es mala y obstinada, lo que significa que se mantendrá firme en su mala actitud y no cambiará. Si alguien le dice que usted es malo y poco amable, debe al menos considerarlo y decir que trabajará sobre ello. Ore, busque ayuda y dese cuenta que no es algo bueno.

Dios es bondadoso con usted

La Biblia dice: "Quítense de vosotros toda amargura, enojo, ira, gritería y maledicencia, y toda malicia. Antes sed benignos unos con otros, misericordiosos, perdonándoos unos a otros, como Dios también os perdonó a vosotros en Cristo" (Efesios 4:31-32). Note el contraste entre ambos versículos. En el primero leemos sobre amargura, enojo, ira, gritería y malicia. En el segundo, sobre ser benignos, misericordiosos y perdonar, como Dios nos perdonó a nosotros.

Somos bienaventurados de que Dios no tenga amarguras contra nosotros. Dios es bueno. Él no maltrata ni abusa de nosotros.

VALE LA PENA VIVIR

Una de las maneras para saber si ha sido liberado de la falta de perdón, ira, amargura y resentimiento es si se considera una persona bondadosa. Sabe cómo dirigirse a las personas y ser cortés y respetuoso, tanto en público como en privado. No ser agresivo. La forma en que enfrenta las circunstancias que le suceden puede determinar la calidad de su vida. No quisiera ser como el rey Salomón que tenía todas las cosas. No obstante, hacia el final de su vida, concluyó que la vida era terrible y que no valía la pena vivirla. Lea Eclesiastés; es uno de los libros más deprimentes. Finalmente, Salomón hacia el final de su vida dijo: "Aborrecí, por tanto, la vida, porque la obra que se hace debajo del sol me era fastidiosa; por cuanto todo es vanidad y aflicción de espíritu" (Eclesiastés 2:17). ¡Qué declaración! También dijo: "Y alabé yo a los finados, los que ya murieron, más que a los vivientes, los que viven todavía. Y tuve por más feliz que unos y otros al que no ha sido aún" (Vea Eclesiastés 4:2-3). La manifestación de sus amarguras y enojo pudo haber sido a causa de la desobediencia y la rebeldía.

Esta no es la vida abundante a la que fuimos llamados. El deseo de Dios es que disfrutemos de la vida, el gozo, la paz, la justicia, el favor, las relaciones, sus hijos, su cónyuge, su familia, sus bienes, la prosperidad, el comer y beber y el compañerismo. No estoy diciendo que disfrutar de la vida se trata únicamente se divertirse, pero incluso usted puede disfrutar de trabajar.

Es importante que permitamos que el Señor nos sane, ya que la vida a veces puede ser dura. El gozo del Señor es mi fortaleza. Él nos dará un manto de alegría en lugar de un espíritu angustiado. No tenemos que permanecer en amargura, maldad, enojo o falta de perdón; con Dios podemos tener descanso. Cuando somos sanados, restaurados y no vamos por la vida maltratando gente, no deberíamos preocuparnos por aquellos que nos persiguen.

Si ya ha sido restaurado y ha ofendido a alguien, conoce el camino para ir y perdonar; y si viene a usted, sabrá decir con humildad: "Lo siento. Perdóname". Si lo han tratado injustamente, sabe cómo ir a dicha persona o perdonarla. No tiene que vivir con amargura.

En caso de haber cosas de las cuales parecería que no se puede desprender, busque a alguien más firme y maduro en el Señor y pídale oración para que pueda ser libre. De lo contrario, es el enemigo que gana lugar en su vida y debe ser echado fuera en el nombre de Jesús. No debe permitir que la amargura destruya su vida.

RECHACE LA AMARGURA

La amargura es como un veneno que se denomina ajenjo o hiel. El ajenjo es muy amargo. Cuando prueba algo amargo, sus papilas gustativas tienden a rechazarlo. Su cuerpo y su lengua lo perciben y su cuerpo lo rechaza.

Tendría que actuar de la misma forma. Antes de que la amargura ingrese a su sistema, debería rechazarla y no ser agradable a su gusto espiritual. Por supuesto que hay cosas como dulces agrios, que a la gente le gusta. Uno puede acostumbrarse a las cosas amargas. Sus papilas gustativas pueden rechazarlas, pero se va transformando en un sabor adquirido, como el vinagre. Nadie querría beberse un vaso de vinagre. Sus papilas gustativas y su sistema lo rechazarían.

De la misma forma, debería rechazar la amargura y no permitir que esta contamine su espíritu. Declare: "No me convertiré en una persona enojada, molesta ni vengativa. No estaré llena de odio. No seré una persona miserable. No me volveré gruñón/a. Quiero disfrutar de la vida. Quiero disfrutar de la comida, los amigos y compañeros. Quiero disfrutar de la iglesia. Quiero disfrutar de mi familia".

CAPÍTULO 7

PERDONE Y SEA SANADO

La relación entre el espíritu de doble ánimo y la enfermedad

Despreciado y desechado entre los hombres, varón de dolores, experimentado en quebranto; y como que escondimos de él el rostro, fue menospreciado, y no lo estimamos. Ciertamente llevó él nuestras enfermedades, y sufrió nuestros dolores; y nosotros le tuvimos por azotado, por herido de Dios y abatido. Mas él herido fue por nuestras rebeliones, molido por nuestros pecados; el castigo de nuestra paz fue sobre él, y por su llaga fuimos nosotros curados.

—ISAÍAS 53:3–5

E N EL PRESENTE capítulo veremos algunas de las razones más comunes por las que se enferman las personas más allá de las causas físicas. La perspectiva espiritual no descarta la simple idea de que a veces sí nos enfermamos y que no siempre son espíritus demoníacos. Existen causas físicas claras de por qué los virus, gérmenes y bacterias afectan nuestros cuerpos. No obstante, hay casos cuando no podemos ignorar que ciertas enfermedades tienen un trasfondo espiritual y necesitamos liberación para ser sanados.

Cuando una persona sufre de resfriados y gripe de forma regular, aunque estos se deban a infecciones virales o bacterianas que pueden tener un diagnóstico médico, a menudo son el resultado de un sistema inmunológico débil. Cuando el sistema inmunológico no funciona adecuadamente, limita la capacidad de una persona para combatir los gérmenes, virus o bacterias. Pese a que estas enfermedades son comunes para todos, su cuerpo está diseñado para combatir estos organismos. Sin embargo, hay personas cuyos sistemas inmunológicos están debilitados a causa del autorechazo o algún otro problema espiritual y permanecen enfermos.

Me esfuerzo por hacer esta distinción porque sé que cuando enseño este concepto desde el punto de vista de la liberación, la gente puede decir que culpo a los demonios por todo e ignoro la ciencia o la medicina. En lo personal, no creo que la ciencia o la medicina sean enemigos. Pienso que los doctores pueden hacer mucho por las personas; pero también sé que lo que hoy se llama medicina es simplemente prescribir medicamentos que no curan. Estos solo cubren o quitan los síntomas, pero no atacan la raíz del problema. A veces los doctores no fueron capacitados para diagnosticar la causa principal, la cual puede ser espiritual. La medicina verdadera sana a las personas. Por ejemplo, si contrae algún tipo de infección y toma penicilina y lo sana, es bueno. No hay nada malo con eso, es legítimo. Pero también existe un lado espiritual.

¿CÓMO LLEGAR A LA RAÍZ?

En el versículo de apertura, note que se menciona "ciertamente llevó él nuestras enfermedades, y sufrió nuestros dolores". En Mateo 8:16-17, Mateo parafrasea Isaías 53 cuando dice: "Y cuando llegó la noche, trajeron a él muchos endemoniados; y con la palabra echó fuera a los demonios, y sanó a todos los enfermos; para que se cumpliese lo dicho por el profeta Isaías, cuando dijo: Él mismo tomó nuestras enfermedades, y llevó nuestras dolencias".

Jesús cumplió la profecía de Isaías de llevar nuestras enfermedades y sufrir nuestros dolores al echar fuera a los demonios y sanar a los enfermos. La traducción de Isaías 53 no está completamente alejada ya que la enfermedad también causa aflicción y dolor. [N. del T.: Aquí el autor hace referencia a la versión en inglés *Modern English* en donde se emplean otros dos términos para referirse a enfermedad y dolor].

Note también la conexión en Isaías 53 entre el rechazo a Jesús y el llevar nuestras enfermedades y dolores. El rechazo a menudo es la causa principal de las enfermedades y dolores. Cuando se sufre de rechazo, también puede tener que tratar con el autorechazo y el autodesprecio. Esto sucede muchas veces porque las personas son afectadas por lo que otros piensan o sienten sobre ellas. Pero nunca debería juzgarse en base a los que otros crean sobre usted. Solo debe juzgarse basándose en lo que Dios piensa sobre usted. No obstante, la mayoría de las personas no están equipadas desde una edad temprana para afrontar el rechazo. Resulta muy hiriente y doloroso, especialmente para un menor sentirse rechazado por los padres. A veces, incluso cuando no son rechazados, sienten como si lo fueran. Existe toda clase de rechazo, tales como el rechazo racial, social y de género. El rechazo es una de las peores cosas que el enemigo puede causar en la vida de una persona, ya que constituye una entrada para mucho más.

Enseño mucho sobre el rechazo, y uno de los mejores recursos que puedo recomendar para que la gente aprenda sobre el mismo es *Excuse Me, Your Rejection Is Showing* [Perdone, su rechazo es evidente] por los pioneros en liberación Phil y Noel Gibson. Ellos denominan al rechazo la obra maestra de Satanás. El rechazo es una de las maneras que Satanás utiliza para tratar de destruir a todo aquel que llega a este mundo. El rechazo es el portero. Este constituye la causa y el demonio principal. Como he mencionado anteriormente, cuando de liberación se trata, se tiene que llegar hasta la raíz. "El hacha está puesta a la raíz" (Mateo 3:10; Lucas 3:9). Puede cortar ramas, atacar los síntomas; pero a menos que llegue a la raíz del rechazo y comience a arrancarlo desde allí, volverá a crecer como la mala hierba.

El ministerio de liberación está constituido para llegar a la raíz del problema. La cuestión es que las raíces no pueden verse con los ojos naturales. Por lo general se esconden bajo tierra, pero usted sabe que están allí. A veces los problemas que tiene la gente están ocultos a los ojos naturales y solo se pueden discernir con la ayuda del Espíritu de Dios, por alguien con discernimiento que pueda ver lo que no se ve.

Los doctores en primer lugar tratan con las pruebas empíricas. Se manejan con lo que pueden ver en las tablas y exámenes. No siempre tratan con el rechazo, la ira y la amargura. Muchos profesionales de la medicina comenzaron recién ahora a aceptar que existe una fuerte relación entre la salud de nuestro espíritu y la salud de nuestros cuerpos y mentes. La Biblia dice en 3 Juan 1:2: "Amado, yo deseo que tú seas prosperado en todas las cosas, y que tengas salud, así como prospera tu alma".

La psiquiatría puede entrar en algunas de las razones psicológicas para entender el porqué de cierta enfermedad, pero por lo general la medicina tradicional no lo hace. Lamentablemente, a menos que usted tenga una noción sobre liberación y el mundo espiritual, lo más probable es que no pueda diagnosticar lo que usted o las personas a su alrededor estén atravesando. Posiblemente piense que debe recuperarse por medio de la fe. Pero luego si permanece enfermo, sentirá culpa y vergüenza, y creerá que su falta de fe es lo que lo mantiene enfermo. Puede ser librado y sanado por fe, no estoy en desacuerdo con ello. No obstante, debe tener pleno conocimiento de la liberación de Dios y tratar el problema de fondo: los demonios.

La Biblia no nos proporciona los nombres de cada enfermedad o dolencia. Es decir, no emplea nuestra terminología moderna para especificar cada enfermedad. Sí nos dice que una de las formas en que Jesús quitaba las enfermedades y dolencias de las personas era echando fuera demonios por medio de su palabra y sanando a aquellos que estaban enfermos. "Y cuando llegó la noche, trajeron a él muchos endemoniados; y con la palabra echó fuera a los demonios, y sanó a todos los enfermos" (Mateo 8:16). Por lo general lo que hacemos se centra en Mateo 8:17, que dice: "Él mismo tomó nuestras enfermedades, y llevó nuestras dolencias"; y por medio de la fe, tratamos de confesarlo. Sin embargo, a menudo no se presta atención a todo el contexto del versículo 16: "…trajeron a él muchos endemoniados; y con la palabra echó fuera a los demonios, y sanó a todos los enfermos". Tendemos a separar estos dos versículos, pero la interpretación correcta aquí es que la sanidad de las enfermedades suele producirse a causa de la liberación de los demonios.

Algunos de nosotros hemos aceptado la creencia de que como cristianos, no podemos tener demonios; pero sí podemos. Una persona está compuesta de tres partes: espíritu, alma y cuerpo. Entender que estas tres partes conforman al ser humano, lo ayudará a comprender cómo una persona puede estar llena del Espíritu Santo y aún tener demonios. El Espíritu Santo habita en la parte del espíritu. Los demonios residen en el alma. Es por ello que nuestras mentes deben ser renovadas. Los demonios toman posesión de ciertas áreas en su vida, pero no de su espíritu, alma y cuerpo. Algunos dirán, "Dios y el diablo no pueden estar en un mismo lugar". Puedo rápidamente derribar ese mito al decirle que Dios es omnipresente en la tierra. Él está en todas partes, pero los demonios también están aquí. Entonces, si Dios y el diablo no pueden estar en el mismo lugar, ¿cómo es que tenemos demonios en la tierra? Tratamos de explicar el mundo espiritual como el mundo natural, pero reglas completamente diferentes se aplican en el mundo espiritual.

Por este motivo creo que es de suma importancia entrelazar estos dos conceptos —fe y liberación— y actuar con poder en ambos para experimentar una libertad verdadera.

LAS ENFERMEDADES Y DOLENCIAS SON VERDUGOS

Entonces, llamándole su señor, le dijo: Siervo malvado, toda aquella deuda te perdoné, porque me rogaste. ¿No debías tú también tener misericordia de tu consiervo, como yo tuve misericordia de ti? Entonces su señor, enojado, le entregó a los verdugos, hasta que pagase todo lo que le debía.

Así también mi Padre celestial hará con vosotros si no perdonáis de todo corazón cada uno a su hermano sus ofensas.

—MATEO 18:32–35

Si recuerda en Mateo 18:23-35, el hombre que no perdonó a su consiervo fue entregado a los verdugos. Los verdugos representan a los demonios. En los tiempos del Antiguo Pacto, una persona podía ir a prisión a causa de una deuda. Hoy en día no tenemos una prisión para deudores. Se nos puede demandar o embargar nuestro salario, pero no encarcelarnos. Sin embargo, en aquellos días, si usted tenía una deuda era llevado a prisión y torturado. Aquí hay un principio espiritual. Claramente no queremos vivir siendo atormentados por el enemigo; por lo tanto, a veces necesitamos ser sanados de la raíz de amargura. Es necesario que por medio del perdón pueda ser librado de los recuerdos que lo atormentan. El perdón es un don de Dios.

A causa de la falta de perdón, muchas personas sufren de varias enfermedades físicas de las cuales no son sanadas. Las enfermedades y dolencias pueden atormentarlo.

LA AMARGURA Y LA FALTA DE PERDÓN PUEDEN MATARLO

La falta de perdón y la amargura constituyen el origen de muchas enfermedades. Los médicos, científicos e investigadores han encontrado pruebas concluyentes acerca de que existe una conexión más estrecha entre la mente, el cuerpo y el espíritu de lo que se había creído. Esto necesariamente no refleja un nuevo descubrimiento si estudia la Palabra y recibe una revelación de Dios sobre los espíritus arraigados que se apoderan de nosotros. La relación entre rechazo/rebeldía/amargura y las enfermedades físicas y psicológicas no es una novedad en el ministerio de liberación. La buena noticia es que para aquellos que necesitan liberación hay una biblioteca de investigación creciente sobre la relación entre el espíritu de doble ánimo y las enfermedades físicas.

En nuestro ministerio hemos descubierto que la amargura, el resentimiento y la falta de perdón abren la puerta a la artritis, cáncer, trastornos autoinmunes, y muchas otras patologías. Pero en mis casi cuarenta años en el ministerio de liberación, dos de los problemas de salud principales en personas con amarguras son el cáncer y la artritis. Esto no implica que todo aquel que padece estas patologías esté sujeto a la amargura, rechazo u otro demonio relacionado con el doble ánimo; sino lo que intento explicar es que estas cuestiones espirituales *pueden ser* la causa de fondo, y con la guía del Espíritu Santo hemos visto a personas ser sanadas de estas enfermedades durante la ministración de liberación.

Muchas de estas patologías comienzan a manifestarse en las personas a medida que comienzan a envejecer. Durante el curso de sus vidas no han perdonado, han guardado rencores, no han soltado a personas, se han aferrado a la ira y no han sido libres. Después de muchos años sus cuerpos comienzan a verse afectados por la amargura, el resentimiento y la ira. Existe un efecto profundo en su cuerpo cuando la amargura tiene lugar en su sistema.

El enojo y la ira, ambos arraigados en la amargura, tienen un efecto pronunciado en el sistema nervioso autónomo y en el sistema inmunológico. Por supuesto, es su sistema inmunológico que lo protege de las enfermedades. Si su sistema inmunológico no funciona, su cuerpo no tiene la capacidad para atacar las infecciones y enfermedades. Cuando usted está lleno de ira, enojo o temor, el nivel de adrenalina en su sangre aumenta, lo cual impulsa a su cuerpo a pelear o correr. Esto se conoce como reacción de lucha o huida. El aumento de adrenalina causa contracciones y espasmos en los músculos lisos de los intestinos, estómago, vejiga y vasos sanguíneos, la cual posteriormente causa muchas reacciones físicas si se activa por un período prolongado. Para muchos en nuestra sociedad, tratar con la ira, el temor e incluso el estrés forma parte de la vida cotidiana; no obstante, es un lugar destructivo para permanecer.

La amargura tiene efectos pronunciados en el sistema inmunológico, al disminuir su resistencia a las enfermedades y alterar el mismo para que se produzcan las alergias. La respuesta autoinmune tiene lugar cuando su sistema ataca a ciertas partes de su propio cuerpo, como la artritis, fibromialgia, lupus, ciertas patologías cardíacas, algunos tipos de cáncer, diabetes tipo 1 y varias alergias. Estas son las que se conocían anteriormente con el nombre de "enfermedades del colágeno", hoy conocidas como enfermedades autoinmunes.

Puesto que la raíz de amargura proviene de la ira y el enojo reprimidos, y por lo general hay también falta de perdón, el cual puede ser hacia usted, otros o Dios, cada área de su cuerpo es un blanco potencial para el enemigo. A continuación se expone una lista de patologías físicas que tienen lugar como consecuencia de la amargura y falta de perdón, además de otros demonios relacionados con el rechazo y la rebeldía.[1] A pesar de que pueda haber cierta superposición debido a que estamos interconectados, procedí a categorizar las distintas patologías según el sistema de órganos. No se trata de una lista exhaustiva, así como tampoco intento dar recomendaciones médicas o diagnósticos. La presente información es para que la lleve delante del Señor y busque la guía del Espíritu Santo para entender cómo su cuerpo puede verse afectado por los espíritus que operan dentro del doble ánimo.

EL SISTEMA CARDIOVASCULAR: ENFERMEDADES O TRASTORNOS CARDÍACOS

Las cuestiones que comúnmente se asocian con los problemas cardíacos comprenden el infarto, dolencia, muerte, obstrucción arterial, arritmia, palpitaciones, sensación de pánico, fibrilación, dolor de pecho, dolor torácico, paro cardíaco, entre otras. Los problemas cardíacos están comúnmente arraigados en el temor y la incertidumbre.

Patologías tales como aneurisma y ACV (accidente cerebrovascular), los cuales son causados por una ruptura de los vasos sanguíneos, se asocian comúnmente con la ira, enojo, hostilidad, autorechazo y amargura. Otras cuestiones cardíacas producidas por el temor, estrés, ansiedad, paranoia e ira comprenden la angina (flujo de sangre insuficiente al tejido cardíaco) e hipertensión.

Los problemas de colesterol por lo general están arraigados en la ira, paranoia y el temor; negación, inadecuación, insignificancia, pena, ira, desprecio hacia uno mismo (constantemente menospreciándose a uno mismo).

La insuficiencia cardíaca congestiva también por lo general está arraigada en el temor y ansiedad, así como también en la amargura y el autorechazo. La Biblia dice: "desfalleciendo los hombres por el temor" (Lucas 21:26).

EL SISTEMA DIGESTIVO: TRASTORNOS INTESTINALES, ESTOMACALES O ALIMENTICIOS

Si descubre que no puede disfrutar de la comida, realmente no podrá disfrutar de la vida; por lo tanto, es necesaria la sanidad del sistema digestivo. A menudo nos volvemos tan espirituales que pasamos por alto las cosas naturales de la vida. Eclesiastés 3:13 dice: "Y también que es don de Dios que todo hombre coma y beba, y goce el bien de toda su labor". Comer, beber y gozar de la vida son dones de Dios, por lo que definitivamente no querrá arruinar sus intestinos. Por supuesto que algunas cuestiones digestivas, como aquellas causadas por intoxicación alimenticia o bacterias transmitidas por los alimentos, pueden producirse simplemente por comer alimentos en mal estado. No siempre están relacionadas con un trasfondo espiritual; pero existen otros trastornos alimenticios que se encuentran directamente relacionados con opresiones demoníacas.

Si su sistema digestivo no funciona adecuadamente, le impedirá disfrutar uno de los mayores placeres de la vida, que es comer, beber y gozar de esto con otros. No se trata de sentarse solo en su casa y comerse diez Big Macs con la puerta cerrada. En la Biblia, el comer y el beber representan estar en comunión con la familia y amigos. A continuación se mencionan algunos trastornos digestivos y alimenticios que necesitan tratarse a través de la liberación.

Anorexia, bulimia, glotonería y cuestiones de peso

La adicción a la comida puede tratarse de un problema espiritual. La comida remplaza al amor. La adicción a la comida y los trastornos alimenticios puede convertirse en una forma de amor propio excesivo. Están arraigados en el autodesprecio, el autorechazo, la amargura, la falta de autoestima, la inseguridad, la adicción, el comportamiento compulsivo, la autocompasión, la ociosidad, la autorecompensa, el temor a la desaprobación, el rechazo, la percepción de falta de amor, la frustración, el nerviosismo, el resentimiento y el orgullo. Este conjunto de trastornos se manifiesta de varias maneras, tales como el apetito desenfrenado, comportamiento alimentario anormal en secreto, apetito compulsivo, ayuno no espiritual y purgar los alimentos.

La persona que atraviesa por esto se vuelve "dominada" en todo y siente que cumplir para que se la acepte. Algunos creen que los trastornos alimenticios también pueden ser genéticos, pero la raíz de aquello que fue transmitido es aún espiritual. Asimismo, los trastornos alimenticios pueden ser el resultado de un espíritu controlador, matriarcal, de brujería, etc., y se encuentran en la misma categoría que la automutilación, la cual es el resultado de la amargura.

Un trastorno alimenticio constituye una adicción oculta a la comida y aquellos que sufren de esta pueden:

- Desear comer pero no lo hacen por temor a no ser capaces de detenerse;
- sentirse sin valor; y
- sentirse rechazados, despreciados (también hacia uno mismo).

Enfermedades intestinales y digestivas

Estas comprenden diverticulitis, enfermedad de Crohn, colitis ulcerosa, acidez, colitis mucosa, colon irritable, entre otras. Estas patologías se encuentran arraigadas en el temor, abandono y el rechazo, los cuales conducen al autorechazo, amargura, autodesprecio (falta de aceptación debido a una separación). Las fuerzas espirituales provocan que disminuyan los líquidos que deberían aligerar la excreción, por lo tanto se endurece.[2] Cuando se rompe la relación con algún miembro de la familia, nos echamos la culpa y permitimos que la culpa y la condenación entren a nuestras vidas. Otras veces, no somos nosotros quienes nos culpamos, pero permitimos que otros nos culpen. Entonces nos enfrentamos con la culpa, la vergüenza y el rechazo, las cuales tienen consecuencias físicas en nuestros cuerpos.

Una de las enfermedades intestinales más graves es la enfermedad de Crohn, la cual está arraigada en el odio y el autorechazo. Dicha enfermedad tiene un componente autoinmune que causa que los glóbulos blancos ataquen las paredes del colon, causando ulceración y lesiones en el intestino. Los glóbulos blancos o células T constituyen una parte significativa de su sistema inmunológico. Normalmente funcionan como parte del sistema inmunológico a fin de que tenga buena salud. Por lo tanto, cuando atacan las células sanas en su organismo es una señal de autorechazo y odio hacia uno mismo.

Note cuántas veces hago mención sobre el odio, el autorechazo y la culpa; culpa por no haberse comportado de tal manera para obtener el amor, afecto y aceptación de los padres.

El cáncer de colon es otra patología asociada al tracto intestinal que por lo general se encuentra arraigada en la amargura y difamación. El poder de la vida y la muerte está en la lengua.

Por último, las úlceras (asociadas a temores, estrés y ansiedad) abren la puerta a parásitos, bacterias y otros organismos que atacan varias áreas del cuerpo.

Sistemas inmunológico y linfático: resfriados, gripe, enfermedades virales y bacterianas, algunos tipos de cáncer y algunos trastornos autoinmunes

Se requiere de un organismo saludable para tener un sistema inmunológico saludable; pero un organismo saludable es el resultado de un alma saludable. Es decir, aquella que recibió liberación.

Enfermedad autoimmune[3]

> Un trastorno autoinmune es una afección que ocurre cuando el sistema inmunitario equivocadamente ataca y destruye tejido corporal sano. Hay más de 80 tipos diferentes de trastornos autoinmunes. En los pacientes con un trastorno autoinmune, el sistema inmunitario no puede establecer la diferencia entre tejido corporal sano y antígenos, y el resultado es una respuesta inmunitaria que destruye los tejidos corporales normales.[4]

Los trastornos autoinmunes comprenden la diabetes tipo 1, esclerosis múltiple, artritis reumatoidea, lupus, fibromialgia, enfermedad de Crohn, trastornos de la glándula tiroides y otras reacciones anormales de los glóbulos blancos[5]. Puede tener acceso a una lista completa de las enfermedades autoinmunes a través del siguiente enlace: http://www.aarda.org/autoimmune-information/list-of-diseases/.

> ([Los trastornos autoinmunes son] las manifestaciones del odio, culpa, conflicto, rechazo, amargura, etc. trasladados hacia uno mismo). Cuando una persona se

ataca a sí misma espiritualmente, el cuerpo ataca al organismo físicamente, con la participación del enemigo. Cuando nos atacamos con odio y amargura, le estamos otorgando nuestro permiso a los glóbulos blancos para atacar también a nuestro organismo, y a su vez, ¡le damos permiso al enemigo para que haga lo mismo![6]

El odio es lo que provoca que alguien lo ataque. El odio hacia uno mismo provoca aversión hacia su misma persona; esto constituye una enfermedad autoinmune. Muchas veces la raíz de una enfermedad autoinmune es demoníaca. Los demonios del odio, rechazo, amargura, culpa y vergüenza atacan su organismo. Estos demonios no permiten que nos amemos. Se sorprendería de la cantidad de personas que no se aman a sí mismas. La Biblia dice que amemos al prójimo como a uno mismo. ¿Cómo podrá amar a su prójimo si no puede amarse a sí mismo? Es imposible. Algunas personas han sufrido tanto rechazo que no pueden amarse a sí mismas. La imagen que tienen de ellos mismos está basada en lo que otras personas cruelmente les dijeron o hicieron.

Diabetes

La diabetes está comúnmente arraigada en el espíritu crítico y descontento (insatisfecho, enojado, rechazado, con odio hacia uno mismo, abusado, abandonado) y sentimientos de culpa. Nuevamente, permítame aclarar que no estoy diciendo que si usted padece de diabetes está sujeto a estos espíritus. No soy dogmático. Simplemente digo que está *comúnmente* arraigada a estas cuestiones. Puede también deberse a un aspecto estrictamente físico.

El rechazo se arraiga a sí mismo cuando uno es rechazado por un padre, esposo o un hombre en general. La figura paterna generalmente establece el bienestar emocional de un niño. Ser rechazado por un padre es la situación más devastadora que puede suceder en la vida de una persona. Los padres fueron ordenados por Dios para afianzar la estabilidad de un niño. Muchos de nosotros venimos de hogares donde la figura paterna estuvo ausente, fue abusiva, o agresiva, o abdicó sus responsabilidades. Esto da lugar a que el enemigo use la ausencia de un hombre o un padre para afectar a los niños, causándoles rechazo.

Asimismo, el rechazo también puede darse por la madre; pero los hombres tienen mayor autoridad en la casa que las mujeres. "El marido es cabeza de la mujer" (Efesios 5:23). Hay un ataque contra los hombres y las familias, los niños viven en hogares inestables, y como consecuencia entra el odio en los hombres.

Este tipo de rechazo también se manifiesta en el organismo a través de la diabetes tipo 1, la cual se produce cuando los glóbulos blancos buscan atacar y destruir el páncreas, provocando un déficit de insulina. La misma se encuadra dentro de las enfermedades autoinmunes que afectan el sistema nervioso central.[7] Los síntomas tales como la fatiga, debilidad, comer en exceso, depresión e insomnio son particularmente causados por el temor, la ansiedad y el estrés. Asimismo, la diabetes puede ser una manifestación de una personalidad tipo A o basada en el rendimiento y perfeccionismo.

La Biblioteca Nacional de Medicina (Estados Unidos) respalda estos conceptos:

> Enfermedades tales como la depresión y los trastornos alimenticios, cognitivos y conductuales pueden preceder a la aparición de diabetes o presentarse en el transcurso de la enfermedad. El desafío es mayor

cuando la diabetes se desarrolla en niños y jóvenes que padecen dificultades emocionales y psicológicas preexistentes, tales como problemas de conducta o de apego, espectro de desórdenes de autismo o disfunción familiar.[8]

Seguramente recordará que se ha mencionado el perfeccionismo como parte de la personalidad de rechazo. Estas personas sienten que si no pueden desempeñarse lo suficientemente bien o a la perfección, no se los aceptará. Esto es lo que causa una diabetes progresiva. En este caso, deberá echar fuera el espíritu hereditario y el espíritu de diabetes, orar por la restauración del páncreas, declarar la sanidad y restauración de todas las partes comprometidas de su organismo, ordenar que las frecuencias químicas y eléctricas estén en armonía y en equilibrio, ordenar al cuerpo a absorber toda célula enferma. Ore por sabiduría para ser sanado y liberado.

Resfriados, gripe y virus

Estas enfermedades se encuentran por lo general arraigadas en el estrés, desamores, la duda en uno mismo, la culpa, además de otras cuestiones que contribuyen a una ruptura en el sistema inmunológico, y abren la puerta a cualquier virus que esté en el aire. El virus en sí mismo puede no ser un problema de origen espiritual, pero sí puede serlo la forma en la que entra. Una de las formas de protegerse es arrepintiéndose, especialmente durante tiempos en que se encuentre bajo mucho estrés, perdonando a otros y a usted mismo. Examine sus pensamientos y las intenciones de su corazón a diario. Cada detalle cuenta. Mantenga sus asuntos resueltos y los virus no echarán raíces. Por último, es importante echar fuera al enemigo.

Leucemia

Existen tres tipos diferentes de leucemia. Cada uno puede tener una raíz diferente. Las raíces espirituales pueden ser por "amargura profunda, resentimiento y odio hacia uno mismo a causa del rechazo de la figura paterna".[9] Muchas de estas enfermedades y dolencias se encuentran relacionadas con los padres o madres. La Biblia dice: "Honra a tu padre y a tu madre, para que tus días se alarguen en la tierra que Jehová tu Dios te da" (Éxodo 20:12). Es muy importante que pueda honrar a sus padres. Pero, puede preguntarse: "¿Qué pasa si están equivocados?". Pueden estarlo; pero usted no debe permitirse estar amargado y enojado porque estos espíritus lo destruirán. Debe honrar a sus padres incluso cuando se equivoquen. No dejan de ser sus padres. Ámelos y hónrelos, y no permita que el enemigo le acorte su vida.

EL SISTEMA TEGUMENTARIO: TRASTORNOS EN LA PIEL

Los problemas en la piel tales como el acné, sarpullidos, forúnculos, eczemas, herpes y psoriasis se encuentran comúnmente arraigados en el temor, la ansiedad, el odio, la falta de autoestima y los conflictos con la identidad. Estos trastornos en la piel son básicamente reacciones alérgicas hiperactivas.

EL SISTEMA MUSCULAR

La tensión, espasmos y dolores musculares están asociados al temor, ansiedad y estrés.

EL SISTEMA NERVIOSO: TRASTORNOS CEREBRALES, NERVIOSOS O SENSORIALES

Los problemas de audición tales como el zumbido en los oídos, aunque a menudo se deben a un accidente o a la exposición de ruidos fuertes, también pueden estar arraigados en la brujería y el ocultismo. Echa fuera y reprende a estos espíritus para recibir sanidad.

Los problemas visuales por lo general se asocian con la tristeza. Salmos 6:7 y 31:9 mencionan que los ojos se consumen de tristeza a causa de los enemigos. Esta tristeza puede estar especialmente relacionada con relaciones rotas.

La tensión y la migraña están por lo general arraigadas en el conflicto interno. Por ejemplo, una persona puede enojarse por no manejar cierta situación o a cierta persona del modo que Dios quería.

La esclerosis múltiple se encuentra por lo general arraigada en un odio profundo, vergüenza, amargura y rechazo hacia uno mismo.

EL SISTEMA REPRODUCTIVO: CÁNCER DE MAMA, OVARIOS Y PRÓSTATA; INFERTILIDAD, DEFICIENCIA DE LA FUNCIÓN SEXUAL; OTRAS CUESTIONES REPRODUCTIVAS MASCULINAS O FEMENINAS

- Cáncer de mama: Comúnmente se debe a "una profunda raíz de amargura y resentimiento ya sea con una madre o una o más hermanas".[10]

- Cáncer de ovarios: Puede provenir del resentimiento hacia la figura materna. Asimismo puede ser causado por promiscuidad u odio por ser mujer. Falta de aceptación como mujer. Puede resultar del "odio de una mujer hacia sí misma y su sexualidad; los demonios impuros y agresivos que la acusan por la pureza de su sexualidad pueden conducir a la amargura y aversión hacia sí misma en lo que respecta a la sexualidad". [11]

- Cáncer de próstata y útero: Arraigados en la ira, culpa odio, amargura; la necesidad de ser amado; haber sido rechazado; promiscuidad; impureza; conflicto interno por ser hombre: autorechazo y autodesprecio. [12]

Los problemas que los hombres y mujeres enfrentan en esta área traen a memoria el lesbianismo y la homosexualidad; estos son temas relacionados con el autorechazo, ya que existe una falta de aceptación por la manera en que Dios los creó. Asimismo viene a memoria las cuestiones de identidad de género: si usted es una mujer y quiere ser un hombre, o si es un hombre y quiere ser una mujer; en esto consiste el autorechazo. Debe aceptar la manera en que Dios lo formó. Si es una mujer, Dios tenía un propósito al crearla de esa forma. Lo mismo aplica para los hombres.

EL SISTEMA RESPIRATORIO: ASMA, ALERGIAS Y OTROS PROBLEMAS RESPIRATORIOS

Las alergias afectan a la mayor parte de los sistemas de nuestro organismo. Por supuesto, cuando se trata de alergias, existe un componente que es estrictamente físico y no espiritual, como por ejemplo el moho, hongos y un alto recuento de polen durante ciertas estaciones del año. Pero recuerde que las alergias básicamente constituyen parte de su sistema inmunológico. Es por ello que en ciertas épocas del año, el sistema inmunológico de ciertas personas se descontrola; demasiada ambrosía, moho o alguna otra partícula en el aire.

En el mundo espiritual, las alergias están arraigadas en espíritus de temor, falta de perdón, sentimientos de incompetencia, insignificancia, pena, ansiedad y estrés. El estrés puede provocar que su sistema inmunológico no funcione correctamente. "El corazón alegre constituye buen remedio; mas el espíritu triste seca los huesos" (Proverbios 17:22). ¡Las alergias están conectadas con los huesos secos!

EL SISTEMA ESQUELÉTICO: ENFERMEDADES ÓSEAS

La Biblia hace referencia a los problemas óseos. Salmo 31:10 dice: "Porque mi vida se va gastando de dolor, y mis años de suspirar; se agotan mis fuerzas a causa de mi iniquidad, y mis huesos se han consumido". La Biblia nos enseña que si caminamos conforme a la Palabra, esta será medicina a nuestro cuerpo y refrigerio para nuestros huesos. (Vea Proverbios 3:8). He enumerado algunas de las enfermedades óseas para ayudarle a ver las raíces espirituales de ciertos trastornos óseos que usted o alguien que conozca pueda padecer:

- Osteoporosis: Generalmente está arraigada en la amargura, envidia y celos. (Vea Proverbios 12:4; 14:30). También puede haber una naturaleza controladora dentro de la persona, la cual proviene de una raíz de maldad asociada al liderazgo matriarcal en el hogar.[13]

* Artritis reumatoidea: Enfermedad autoinmune arraigada en la amargura y la falta de perdón hacia otros, vivos o muertos; que se transforma en autorechazo y odio, acompañados de culpa. Los glóbulos blancos atacan al cartílago conectivo de las articulaciones y lo deterioran.[14] El estrés, la culpa, la falta de perdón hacia uno mismo y hacia los demás, el temor y el no querer afrontar los conflictos internos; todo contribuye a la artritis reumatoidea.

SANIDAD PARA LAS AGUAS AMARGAS

Y llegaron a Mara, y no pudieron beber las aguas de Mara, porque eran amargas; por eso le pusieron el nombre de Mara. Entonces el pueblo murmuró contra Moisés, y dijo: ¿Qué hemos de beber?

Y Moisés clamó a Jehová, y Jehová le mostró un árbol; y lo echó en las aguas, y las aguas se endulzaron. Allí les dio estatutos y ordenanzas, y allí los probó; y dijo: Si oyeres atentamente la voz de Jehová tu Dios, e hicieres lo recto delante de sus ojos, y dieres oído a sus mandamientos, y guardares todos sus estatutos, ninguna enfermedad de las que envié a los egipcios te enviaré a ti; porque yo soy Jehová tu sanador.

—ÉXODO 15:23–26

Fue aquí, en las aguas amargas de Mara, que Dios se reveló por primera vez como Jehová Rafa, su sanador. Aquí también es cuando el Señor nos muestra la conexión que existe entre la sanidad y la amargura. El nombre *Mara*, que aparece en el pasaje previamente mencionado, se traduce literalmente como "amargo" y se refiere a la fuente o manantial de aguas amargas que el pueblo de Israel encontró luego del éxodo de Egipto.[15] El término *mara* utilizado en el Antiguo Testamento, significa amargo, transformación, ser desobediente, desobedecer, gravemente, provocación, provocar. Si vamos más lejos, se usa con una connotación causativa: hacer amargo, causar rebeldía, provocar. Figurativamente significa resistir, rebelarse.[16]

A fin de sanar las aguas de Mara, Dios instruyó a Moisés a echar un árbol en las aguas, y las aguas se endulzaron (Éxodo 15:23-25). El árbol representa a Jesucristo y su cruz. En la cruz Jesús fue herido y rechazado. Parte de su sufrimiento fue el rechazo de los hombres y el rechazo de su propio pueblo, Israel. Fue despreciado y no estimado. Por lo tanto, una parte de la obra redentora de Cristo y una parte de su sufrimiento, fue a causa del rechazo de su propio pueblo.

Parecería que dentro del plan de redención, sanidad, restauración, salvación y sufrimientos de Cristo, el rechazo se encuentra siempre presente. Esto significa que independientemente de las circunstancias que estemos atravesando en la vida, ya sea rechazo, heridas o amarguras, podemos ser sanados, restaurados y ser nuevas criaturas. La obra redentora de Cristo en la cruz endulza las aguas. En árbol en la forma de un madero sobre el cual Cristo fue colgado endulza la vida de cada persona que acepta su sacrificio. Es a través de la salvación, la cual comprende la liberación de amarguras, ira, resentimiento, rechazo, orgullo y rebeldía, que la vida se vuelve dulce.

De esto se trata la liberación. La liberación es salvación. La liberación es sanidad y restauración. Dios desea su restauración y no una vida en miseria. Jesús vino a salvar, sanar, liberar y restaurar.

Dios es médico. Él puede restaurarlo para que pueda vivir una vida en abundancia. No desea que cargue con todas estas heridas por la vida. Seguramente no querrá envejecer con amarguras, enfermo o con maldad. La gente se pregunta por qué algunas personas ancianas son tan malas. Es solo una manifestación de la amargura. Han vivido todos los años de sus vidas sin soltar ninguno de los sufrimientos por los que han atravesado, así que cuando alcanzan cierta edad se vuelven malos y gruñones. A veces creemos que es parte de envejecer, pero no lo es. Se trata de viejos demonios.

Usted no debe envejecer estando en amargura, enfermo, en miseria o en maldad. Si llega a la vejez y cree que tiene el derecho de odiar a todos, entonces el enemigo tendrá el derecho de destruir su vida. Esta no es la manera que Dios quiere que viva su pueblo.

Entonces, no es de extrañar que Dios, en su gran amor por todos nosotros, se reveló al pueblo de Israel como su sanador en las aguas amargas de Mara. La amargura y la sanidad van de la mano. Israel acababa de salir de Egipto después de cuatrocientos años de esclavitud. Cuando uno permanece en esclavitud por tanto tiempo, hay grandes posibilidades de que esconda falta de perdón y amarguras hacia las personas que lo esclavizaron.

PUEDE PERDONAR

Como señalé en el capítulo anterior, la amargura surge de la ira o enojo reprimidos que se producen a causa de la rebeldía u obstinación. Muchas veces la obstinación se manifiesta a través de la negación a perdonar. La Biblia dice: "Porque como pecado de adivinación es la rebelión, y como ídolos e idolatría la obstinación" (1 Samuel 15:23). Esto nos deja un mensaje. Cuando de forma obstinada nos negamos a perdonar a alguien y en cambio decimos: "Nunca voy a perdonar a esa persona. Siempre la voy a odiar. Nunca voy a olvidar lo que hizo. Usted no sabe lo que me sucedió. No sabe lo que me hizo. Tengo el derecho de estar enfadado. Tengo el derecho de estar molesto con esta persona. No la voy a perdonar", significa que nos estamos aferrando a la falta de perdón, a pesar de que Dios nos manda a perdonar al prójimo.

Algunos creen que no pueden perdonar porque no sienten hacerlo. La realidad es que hay muchas cosas que deberá hacerlas por fe. Usted no puede actuar solo de acuerdo a lo que siente, porque puede tener ganas de darle puñetazos a una persona. El perdón no siempre será un acto de fe, sino que también se requiere de un acto de su voluntad. Puede encontrarse con que tiene que actuar y pedir perdón, y con la fortaleza de Dios, podrá realmente hacerlo. El poder perdonar le traerá sanidad a su cuerpo, mente y espíritu.

Sea prosperado y tenga salud

Al examinar esta lista de enfermedades, notará que aparece repetidamente la culpa. Muchas enfermedades se encuentran arraigadas en la culpa. La misma constituye uno de los peores espíritus si permite que controle su vida. La culpa proviene de la condenación, vergüenza, indignidad, pena, baja autoestima y sentimientos de inferioridad (clase social baja, despreciado, siempre en el último lugar, inseguro, nunca lo suficientemente bueno). La culpa es la raíz de numerosas enfermedades y tristezas. Existen personas que viven sus vidas sintiéndose culpable por cosas que hicieron hace años.

Nunca se han perdonado por lo que hicieron o dejaron de hacer. Literalmente se castigan a sí mismas. Se sienten indignas, apenadas y avergonzadas; los cuales por lo general se transforman en autorechazo.

La culpa es un demonio poderoso del cual debe ser librado. Puede pedirle a Dios que lo perdone, como también a las personas a quienes haya podido herir, pero más importante aún es que pueda perdonarse a usted mismo. Para muchos esta es la parte más difícil. Creen que Dios los ha perdonado, al igual que otras personas, pero no pueden perdonarse a sí mismos.

Todos hemos hecho cosas de las cuales no nos enorgullecemos; pero debemos recordar que cuando hicimos todo lo que estaba a nuestro alcance para remediar la situación, Jesús es nuestra justicia. Él nos cubre. Si no podemos comprender en nuestro espíritu este principio, entonces seremos afligidos por muchas enfermedades y dolencias, ya que existe una conexión entre el espíritu, alma y cuerpo. La Biblia dice: "Amado, yo deseo que tú seas prosperado en todas las cosas, y que tengas salud, así como prospera tu alma" (3 Juan 1:2). Su alma es su mente, voluntad y emociones. Si su alma no está sana y se encuentra sujeto a heridas, vergüenza, culpa, temor y rechazo, con el tiempo su cuerpo se verá afectado. No siempre sucede de la noche a la mañana. Cuanto más tiempo esté sujeto a estas cosas, mayor será el daño que le provocarán.

Por este motivo, muchas de estas enfermedades se manifiestan en la vejez. A veces los cuerpos más jóvenes tienen mayor resistencia a alguna de las aflicciones espirituales que los cuerpos más avejentados, que las han llevado por más tiempo. En lo personal no estoy de acuerdo en que a medida que uno envejece, se vuelve más enfermizo. No creo que Dios haya diseñado nuestros cuerpos para que sufran; pero sí creo que mucha gente se enferma en la vejez a causa de que han cargado con culpa, resentimiento, ira y otros espíritus negativos a lo largo de los años hasta que sus cuerpos comienzan a manifestar físicamente a estos espíritus.

El rechazo, pena, amargura y odio hacia uno mismo también por lo general aparecen dentro de la lista mencionada. Algunas personas creen que estos espíritus no son tan dañinos al compararlos por ejemplo con la lujuria; pero lo realidad es que pueden causar tanto daño en su vida como esta. Pueden no ser pecados morales como la lujuria, fornicación, adulterio u homosexualidad. Tenemos una tendencia a juzgar a los demonios morales como los peores; y a demonios como el autorechazo y la autocompasión, solo tratamos de confortar a la persona que está atravesando por estos problemas y animarlas diciéndoles: "Aguanta. Todo va a estar bien". Consentimos a esos demonios, pero son del tipo que causa que las personas se destruyan a sí mismas. Debemos tomarlos en serio y ser librados.

No se mencionan todas las enfermedades y dolencias en este capítulo, pero sí se revelan las causas que originan los problemas de salud más relevantes y conocidos por todos nosotros. A partir de allí, podemos ver las tendencias y comenzar a identificar qué tipo de liberación necesitamos para tener una sanidad completa.

En muchas de estas enfermedades, tales como el cáncer, la artritis, la diabetes tipo 1 y ciertas patologías cardíacas, vemos que el organismo se ataca a sí mismo, y ya hemos analizado las razones que provocan esta reacción. Obviamente, no tengo conocimiento de todas las ramificaciones de las enfermedades, ni me atribuyo ninguna experiencia médica. Simplemente pretendo señalar que existe una conexión verdadera entre nuestra condición espiritual y nuestra salud física.

Incluso los doctores aún tienen mucho por aprender con relación a esta conexión. Existen muchas enfermedades, como las enfermedades autoinmunes, por las cuales es difícil encontrar la causa física. Hay personas que pasan toda su vida sin un diagnóstico. Los doctores e investigadores científicos sí han descubierto un vínculo entre el espíritu, mente y cuerpo en muchos de estos casos. Los aspectos comunes que se han enumerado aquí —ira reprimida, falta de perdón, resentimiento, amargura, culpa, vergüenza, temor, inseguridad, trauma, abuso, problemas de identidad, entre otros— constituyen los factores causantes de muchas enfermedades que los doctores han encontrado difícil de diagnosticar y tratar en el pasado.

Es por ello que debemos pedirle al Señor su sabiduría para saber cómo abordar estos problemas. Sus dones —palabra de conocimiento, palabra de sabiduría y descernimiento de espíritus— y su Espíritu Santo pueden darnos entendimiento sobre cómo encontrar la sanidad de estas cuestiones, incluso más allá de lo que puedan hacer los doctores. Debe depender del Espíritu de Dios para ser sanado y liberado de todo enemigo.

CAPÍTULO 8

DIVIDA Y CONQUISTE

Liberación del espíritu de doble ánimo

Y Jehová tu Dios echará a estas naciones de delante de ti poco a poco;... Mas Jehová tu Dios las entregará delante de ti, y él las quebrantará con grande destrozo, hasta que sean destruidas.

—DEUTERONOMIO 7:22—23

L A ESTRATEGIA PARA atacar el espíritu de doble ánimo es separando el rechazo de la rebeldía. Ataque la fortaleza del rechazo y ataque la raíz de amargura, la cual es el centro de la fortaleza de la rebeldía. Luego ataque la fortaleza de la rebeldía. Es útil familiarizarse con los patrones y grupos de demonios que operan dentro de las personalidades falsas. Recuerde que la liberación lleva tiempo, poco a poco (Éxodo 23:29-30). Los espíritus bajo el rechazo y la rebeldía los fortalecen y se debilitan cuando estos son expulsados. Se debe separar al grupo de demonios de la fortaleza del rechazo de los demonios de la fortaleza de la rebeldía y, con el tiempo, echarlos fuera. Si una persona no tiene personalidad, deberá ir desarrollando una con la ayuda de Cristo, o no tendrá nada a qué recurrir.

Aquellos que han sido liberados del espíritu de doble ánimo deben desarrollar:

- Amabilidad
- Amor
- Apreciación profunda por las bendiciones espirituales
- Autenticidad
- Autodisciplina
- Autoestima
- Autoestima positiva
- Capacidad para estimar a otros sin dobles intenciones
- Concentración
- Confiabilidad
- Confianza
- Confianza en sí mismo
- Coraje
- Determinación
- Devoción
- Equilibrio
- Fe
- Fidelidad
- Flexibilidad al Espíritu Santo
- Gozo
- Honestidad
- Honor
- Ingenio
- Integridad
- Integridad en las cosas de Dios
- Mansedumbre
- Minuciosidad
- Obediencia
- Paciencia
- Puntualidad
- Responsabilidad
- Reverencia
- Sabiduría
- Seguridad
- Sinceridad
- Sumisión a Dios y a los líderes
- Templanza
- Un corazón para Dios y su pueblo
- Virtud
- Visión

Estas son las características que necesitan quienes han sido liberados del doble ánimo a fin de reconstruir sus verdaderas personalidades, sus personalidades divinas. Deberán tener tiempo para desarrollar sus personalidades verdaderas cuando estén recibiendo la liberación. Es importante ser guiados por el Espíritu Santo durante la ministración, ya que existen diversos grados de demonización según la persona.

ACEPTACIÓN EN EL AMADO

Debido a que el rechazo es un problema muy común, y ya que está en el centro del doble ánimo, no es de extrañar que se mencione como parte de la historia de la redención de Cristo. Jesús fue rechazado para que nosotros pudiéramos ser liberados del rechazo. Isaías 53:3 nos menciona que fue despreciado y desechado por los hombres. Fue rechazado por los sumos sacerdotes y los fariseos. ¿Por qué Jesús pasó por el rechazo como una de las áreas principales de su Pasión? Porque el hombre necesita ser liberado del rechazo. Él cargó con nuestro rechazo para que nosotros pudiéramos ser libres. El mayor de los rechazos tuvo lugar cuando preguntó: "Dios mío, Dios mío, ¿por qué me has desamparado?" (Mateo 27:46), ya que en ese momento Él se convirtió en pecado y su Padre lo rechazó. Dios siempre rechaza el pecado. Jesús se convirtió en pecado, fue rechazado, sufrió, fue golpeado, herido, abatido con el fin de liberarnos del rechazo. El rechazo es la puerta de entrada a la personalidad de doble ánimo, y un aspecto importante de la liberación y salvación. Y ahora, a causa del rechazo sufrido por Cristo, somos aceptos en el Amado (Efesios 1:4-6). La sangre de Jesús nos ha hecho aceptos. Somos aceptos por gracia. No tenemos que ser perfeccionados mediante el legalismo ni mediante guardar la ley.

Podemos ser aceptados por medio de la fe. Esta es la tremenda bendición del cristianismo.

LA LIBERACIÓN DEL DOBLE ÁNIMO LLEVA TIEMPO

La liberación de la personalidad esquizoide es paulatina ya que el verdadero "yo" por lo general no ha tenido un gran desarrollo hasta ese momento. Si uno quiere lograrlo, necesita a Jesús. Jesús ayudará al verdadero "yo" a desarrollarse. Es necesaria la obediencia a las instrucciones de Jesús, así como también el estudio bíblico y la oración.[1]

Los demonios han impedido el desarrollo de la personalidad verdadera, por lo cual la persona deberá desarrollar una a medida que reciba liberación. El desarrollo lleva tiempo. Muchas personas se sorprenderán al descubrir que la mayor parte de su personalidad es falsa y que su personalidad "real" se encuentra subdesarrollada. La liberación es "poco a poco". "La mayor parte de la personalidad de un esquizofrénico no es su verdadero "yo" sino que es un conjunto de comportamientos demoníacos que han prosperado desde el origen del rechazo dentro de la persona. Por medio de la liberación, el verdadero "yo" debe aceptar a Jesús a fin de que Él pueda comenzar a formar su personalidad en ellos. La liberación es la única respuesta para el esquizofrénico", afirma Frank Hammond.[2]

No los echaré de delante de ti en un año, para que no quede la tierra desierta, y se aumenten contra ti las fieras del campo. Poco a poco los echaré de delante de ti, hasta que te multipliques y tomes posesión de la tierra.

—Éxodo 23:29–30

Israel tenía que multiplicarse para tomar posesión de la tierra de Canaán. No eran lo suficientemente numerosos como nación para poseerla de forma inmediata. Dios les prometió echar a los enemigos "poco a poco".

Este principio aplica para la liberación del doble ánimo. Se debe separar al grupo de demonios de la fortaleza del rechazo de los demonios de la fortaleza de la rebeldía y, con el tiempo, echarlos fuera. Si una persona no tiene personalidad, deberá con el tiempo desarrollar una con la ayuda de Cristo, o no tendrá nada a qué recurrir.

La siguiente lista muestra cómo se conectan los demonios del rechazo con los demonios de la rebeldía.

- Espíritus de rechazo: lujuria, fantasía, perversión, celos, paranoia, autocompasión, depresión, espíritu suicida, culpa, orgullo, vanidad, soledad, temor, búsqueda de atención, inferioridad, prostitución, rechazo, injusticia, retractación, fantasear despierto, timidez, autoconsciencia, sensibilidad, locuacidad, nerviosismo, imaginaciones vívidas, miedo a los gérmenes, frustración, impaciencia, afecto excesivo por los animales, intolerancia, demencia, autorechazo, autoacusación, tensión, miedo a las personas, confesión compulsiva, envidia, miedo de ser juzgado, falsa compasión, temor al rechazo, falsa responsabilidad, desánimo, desesperación, desesperanza, condenación, indignidad, vergüenza, perfección y ego.

- Espíritus de rebeldía: temor, acusación, rebelión, orgullo, desobediencia, egoísmo, odio, resentimiento, violencia, muerte, pérdida de memoria, paranoia, sospecha, desconfianza, confrontación, obstinación, terquedad, ira, raíz de amargura, juicio, autodecepción, autoengaño, autodestrucción, rechazo a la enseñanza, represalias, falsas creencias, falta de respeto a la autoridad y falta de sumisión.

GRUPOS DE DEMONIOS

El doble ánimo, desde el punto de vista demoníaco, ocurre cuando dos o más fuerzas demoníacas dentro de una persona se vuelven tan fuertes que atacan sus propios grupos de demonios; de este modo, la personalidad de una persona se desarrolla por un grupo de demonios, por ejemplo, una personalidad orientada en el perfeccionismo y rendimiento.

La mayoría de estos grupos son dirigidos por la rebeldía en un grupo y el rechazo en otro. Estos demonios poderosos que hacen estragos en las vidas de las personas, causan una desintegración en el desarrollo de la personalidad verdadera, producen distorsiones y perturbaciones en sus vidas y relaciones, provocan que las personas vivan o quieran tener una vida secreta y los fuerzan a construir muros.

La rebeldía produce que el otro "yo" oculto exprese otra u otras personalidades.[3]

- Rechazo: rechazo prenatal, rechazo en el vientre, rechazo postparto, autorechazo, temor al rechazo, incapacidad para dar o recibir amor, necesidad de amor.

• Rebeldía (el rechazo y la rebeldía son los centros, las dos personalidades principales): obstinación, egoísmo, terquedad, desobediencia, falta de sumisión, agresión, rechazo a aprender.

• Raíz de amargura (las tres áreas principales son el rechazo, la rebeldía y la amargura): resentimiento, amargura, falta de perdón, odio, violencia, enojo, ira, represalias, muerte, rememoración.

• Doble ánimo (controlado por la esquizofrenia y el espíritu de doble ánimo): vacilante, dubitativo, indeciso, inconstante, inestable, incierto, irreal.

• Paranoia: (un área fuerte; esquizofrenia paranoide; arraigada en el temor): celos, envidia, sospecha, falta de confianza, persecución, temores, confrontación, muchas voces, insensibilidad, confrontación con la honestidad a toda costa, engaños, delirios de grandeza, omnipotencia, falsas creencias.

• Enfermedad mental (esquizofrenia, paranoia, disminución de las facultades mentales): demencia, locura, obsesión, retraso, senilidad, alucinaciones.

• El "yo" (el esquizofrénico busca constantemente el yo): autocompasión (temor de ser juzgado, inseguridad, inferioridad; autoacusación (confesión compulsiva, autodesprecio, falta de perdón); autocondenación (llamar la atención); obstinación (egoísmo, terquedad); autoengaño (delirio, autoseducción, orgullo, rechazo a aprender); autoconciencia (timidez, vergüenza, soledad, sensibilidad).

- Lujuria: fantasía, prostitución, perversión, impureza sexual, compasión y amor falsos.
- Depresión (las "des" del enemigo: del rechazo a la depresión al suicidio): desaliento, desesperación, desánimo, derrotismo, deficiencia, desamparo, desesperanza, suicidio, muerte, insomnio, morbilidad, falsos espíritus.
- Temores (paranoia, fobias, miedos): personas, desequilibrio mental, gérmenes, histeria, fobias.
- Control (control demoníaco: padres, compañeros, pastores, etc.): dominación, hechicería, posesividad, maquinación, manipulación.
- Indecisión (doble ánimo, indecisión): falta de resolución, transigencia, confusión, olvido, indiferencia, apatía.
- Injusticia: (nadie los trata justamente): retractación, fantasía, fantasear despierto, irrealidad, imaginaciones vívidas, gestos mohínos, pretensión.
- Locuacidad (no deja hablar a otros): nerviosismo, tensión.
- Acusación (echar la culpa a otros): proyección, censura, crítica, juicio crítico.
- Falsa compasión (preocupación falsa por otros; dones espirituales falsos): responsabilidad falsa, carga falsa, amor falso, afecto excesivo por los animales.
- Culpa (emociones demoníacas prolongadas falsas): condenación, indignidad, vergüenza.
- Perfeccionismo (esfuerzo por ganar el respeto y la aceptación de otros): intolerancia, orgullo, irritabilidad, vanidad, frustración, ira, ego, impaciencia, crítica.

Líbrese del espíritu de doble ánimo

Sacúdete del polvo; levántate y siéntate, Jerusalén; suelta las ataduras de tu cuello, cautiva hija de Sion.

—Isaías 52:2

Esta es una palabra profética a la Iglesia. Se nos ha dado el poder y la autoridad para liberarnos de todo tipo de cadenas. Los sinónimos de la palabra *liberar* son: desunir, separar, partir, cortar, descoyuntar, desconectar, despegar, quitar de su montura, desatar, desencadenar, abrir grilletes, soltar, liberar, dejar ir, romper, romper en pedazos, aplastar, desmenuzar, hacer añicos, demoler, dividir, abrir por la fuerza. Como se ha señalado, esta es la estrategia para la liberación del doble ánimo. Tanto el rechazo como la rebeldía deben soltarse entre sí para que luego puedan soltarlo. El término *liberar* también significa perdonar o indulto.

"Sion" es una palabra profética y es símbolo de la Iglesia. Isaías profetizó que Sion sería una "hija cautiva". Esto es tan cierto sobre la condición de la Iglesia en la actualidad. Aunque muchos han sido salvos y han recibido la promesa del Espíritu, todavía hay muchas ataduras que permanecen en la vida de los creyentes. No obstante, se nos ha dado una promesa profética y una orden de liberarnos. Jesús le dijo a sus discípulos que "todo" lo que desatemos en la tierra es desatado en los cielos (Mateo 18:18). En otras palabras, usted puede desatar todo aquello que lo esté atando, hostigando u operando en su vida que sea contrario a la voluntad de Dios, porque le ha sido dada autoridad para hacerlo.

A lo largo de este libro, hemos analizado una variedad de manifestaciones demoníacas que operan en el doble ánimo. Ahora que hemos identificado al enemigo, podemos proceder a liberarnos de sus garras.

LA VERDAD SOBRE LA AUTOLIBERACIÓN

A menudo me preguntan: "¿Puede una persona liberarse a sí misma de demonios?". Mi respuesta es afirmativa. También estoy convencido de que una persona no puede mantenerse libre de demonios hasta que esté caminando en esta dimensión de liberación.

¿Cómo es que una persona puede liberarse? Como creyente (y esa es nuestra suposición), una persona tiene la misma autoridad que el creyente que le está ministrando liberación. Tiene la autoridad en el nombre de Jesús, y Jesús claramente les prometió a los que creen: "En mi nombre echarán fuera demonios" (Marcos 16:17).

Por lo general, lo único que la persona necesita aprender es cómo llevar a cabo la autoliberación. Después de que una persona ha experimentado una liberación inicial por medio de un ministro experimentado, puede comenzar a practicar la autoliberación.[4]

Una de las más altas revelaciones es la revelación de la autoliberación. Podemos liberarnos de todo control de las fuerzas de oscuridad (Isaías 52:2). Tenemos la facultad para ejercer el poder y la autoridad para nuestras propias vidas. Jesús nos dijo que saquemos la viga de nuestro propio ojo (Lucas 6:42). El término utilizado para *sacar* es el mismo término en referencia a echar fuera demonios (*ekballō*).

Después de haber recibido liberación por medio de otros ministros de liberación con experiencia, usted podrá practicar la autoliberación. Esto es importante. Tome la responsabilidad espiritual para su vida y no dependa de nadie más para su bienestar espiritual. Declare la Palabra sobre su vida. Declare oraciones poderosas que aplasten al enemigo. No permita que la autocompasión lo detenga. Levántese en oración. Estas son algunas de las claves para una vida victoriosa. Aquellos que experimentaron la liberación vinieron o fueron llevados a Jesús. Alguien tuvo que tomar la iniciativa. Todo comienza con una decisión. No puede permitir que la pasividad le robe su liberación. Debe abrir su boca. Su liberación está cerca de su boca.

Existen muchas personas frustradas con la vida. Aquellos que tienen problemas pueden sentirse abrumados por la duda y el fracaso. Algunos pelean contra el estrés y la presión que a menudo pueden causar problemas emocionales y físicos. Jesús dedicó mucho tiempo a ministrar al oprimido. Multitudes se acercaban para oírle con el fin de ser sanados y liberados de los espíritus malignos.

La liberación es el pan de los niños. Cada hijo de Dios tiene el derecho de gozar de los beneficios de la liberación. La misma trae libertad y gozo. Hemos visto a miles de creyentes ser liberados de demonios por medio de la oración con autoridad.

La liberación es un ministerio milagroso. Usted verá milagros multiplicarse por medio de la oración. Las victorias que verá serán sobrenaturales. Las sanidades se multiplicarán. Las ataduras de años serán destruidas. Serán expuestas y eliminadas las raíces ocultas. Los problemas inexplicables se resolverán. Serán removidos los obstáculos resistentes. Se quebrarán los ciclos de fracasos. La frustración y la desesperación huirán por medio de la oración. El desánimo y la decepción serán vencidos. Los problemas preocupantes de la vida serán quitados. Finalmente podrá experimentar la paz duradera y gozar de una vida abundante.

Los fracasos que causan amargura se revertirán por medio de la oración. Vendrán la prosperidad y el éxito. Se verán avances en diferentes áreas de su vida. Será prosperado en sus relaciones, finanzas, ministerio y proyectos.

La liberación fue creada para destruir los obstáculos espirituales que interfieren en su desarrollo espiritual. La liberación torna suaves los lugares ásperos y endereza los lugares torcidos. Usted verá al enemigo derrotado en su vida. Podrá vivir libre de ataduras y de opresiones demoníacas. Podrá experimentar la victoria a través de la oración. Sus palabras y oraciones tienen un tremendo poder para destruir las obras de oscuridad. Quienes experimenten la liberación verán cambios notables.

Los cambios a veces pueden ser progresivos o instantáneos; pero serán drásticos. Experimentará un aumento de gozo, libertad, paz y éxito. Esto producirá una vida espiritual más satisfactoria con mayor fuerza y santidad.

Si deseamos alcanzar la victoria, debemos ser pacientes. Dios le prometió a Israel que echaría a sus enemigos poco a poco (Dt. 7:22; Éxodo 23:29-30). A menos que comprenda este principio, experimentará cansancio cuando ore por ciertas personas, y se desanimará en su propia liberación. Cuanto mayor sea la libertad que usted reciba, mayor será la necesidad de crecer y poseer su tierra.

Usted tiene la autoridad para atar y desatar (Mateo 18:18). El diccionario Webster define el término *atar* como "asegurar al amarrar; encerrar, restringir o refrenar como con lazos… obligar con autoridad legal…ejercer un efecto restrictivo o imperioso".[5] Otras definiciones comprenden: arrestar, aprehender, esposar, llevar cautivo, encargarse de, encerrar, encadenar, revisar o poner fin.

El acto de atar se debe hacer con autoridad legítima. Tenemos autoridad legítima en el nombre de Jesús para atar las obras de oscuridad: pecado, iniquidad, perversión enfermedad, dolencia, aflicción, muerte, destrucción, maldiciones, hechicería, brujería, adivinación, pobreza, carencia, riña, lujuria, orgullo, rebelión, temor, tormento y confusión. Tenemos la autoridad legítima para poner fin a estas cosas en nuestras vidas y en las vidas de aquellos a quienes ministremos.

Desatar significa desamarrar, liberar de la restricción, descoyuntar, divorciar, separar, desenganchar, liberarse, soltarse, escaparse, desvincularse, desabrochar, desencadenar, liberar, libertad, soltar, abrir, desconectar y perdonar. Las personas necesitan desatarse de las maldiciones, herencias de maldad, espíritus familiares, pecado, culpa, vergüenza, condenación, control, dominación, manipulación, intimidación, control mental, control religioso, enfermedad, dolencia, decepción, falsa enseñanza, hábitos, mundanería, carnalidad, demonios, tradiciones, lazos impíos del alma, juramentos impíos, promesas impías, maldiciones habladas, embrujos, aflicciones y sectas. Tenemos la autoridad legítima en el nombre de Jesús para desatarnos de estas influencias destructivas y desatar a aquellos a quienes ministremos.

> Escápate como gacela de la mano del cazador, Y como ave de la mano del que arma lazos.
> —Proverbios 6:5

> Oh Sion, la que moras con la hija de Babilonia, escápate.
> —Zacarías 2:7

Obstáculos para recibir liberación y victoria

Hay ocasiones cuando las personas quieren pasar directamente a atar y desatar, echar fuera demonios, orar en voz alta, ordenar al enemigo en el nombre de Jesús que haga esto o aquello o que vaya allí o allá. Pero no habrá liberación mientras el enemigo tenga total gobierno de la vida de una persona. Usted debe renunciar y poner fin a las siguientes cosas, si pretende tener libertad verdadera y duradera, liberación y victoria en su vida.

1. Maldiciones
2. Pecado
3. Orgullo
4. Pasividad
5. Lazos inmundos del alma
6. Ocultismo
7. Temor
8. Vergüenza
9. Incredulidad
10. Falta de deseo
11. Falta de perdón
12. Falta de conocimiento

Si alguna de estas doce menciones tiene un lugar activo en su vida, se encontrará en un ciclo de ataduras, sin poder recibir completa libertad. Cada una de estas cosas les otorga a los demonios respaldo legítimo y bíblico para permanecer en su vida y destruirla. Este respaldo legítimo deberá ser destruido con el fin de recibir y mantener la liberación. Esto se abordará en la próxima sección.

La autoliberación tiene limitaciones. Muchas veces no vemos tan claramente cuando se trata de nuestra propia vida. Las personas muy atribuladas necesitarán buscar la ayuda de un ministro de liberación con experiencia. Otros pueden ser más objetivos para discernir el problema y también unirse en fe con usted para obtener la victoria.

Quien tenga fuertes ataduras tales como la perversión, esquizofrenia, ocultismo y depresión profunda, entonces necesitará la asistencia de otros creyentes. La vergüenza a menudo impide que una persona busque ayuda; quienes actúan en rendición al Espíritu de Dios con respecto a su liberación no lo juzgarán y se moverán en amor y compasión.

No hay nada que sustituya el congregarse en una iglesia local firme, en donde una persona pueda recibir amor incondicional. Ahora, busque liberación.

LIBÉRESE DEL PASADO

He ministrado a muchos creyentes que todavía están atados y encadenados a su pasado. El pasado puede ser una cadena que impida que usted disfrute el presente y que sea exitoso en el futuro.

Al estar ministrando liberación a un joven, encontré un fuerte espíritu morando que se jactaba de que no se iría. Le ordené al espíritu que se identificara, y respondió que su nombre era Pasado. El espíritu procedió a explicar que su trabajo era mantener al joven atado a su pasado para que no pudiera tener éxito en su caminar cristiano. El joven se había divorciado y su pasado continuaba atormentándolo.

Este encuentro ayudó a darme una revelación del hecho de que existen numerosos espíritus asignados a la gente, para mantenerlos atados al pasado que ha dejado cicatrices y heridas que no han sanado completamente. Muchas de estas heridas se han infectado y se han convertido en moradas de espíritus inmundos.

La gente necesita no solamente ser liberada de demonios, sino también de otras personas. Los lazos impíos del alma son avenidas que los espíritus de control y manipulación utilizan al trabajar sobre sus víctimas incautas. Consideremos algunas de las cosas que podrían provocar que los espíritus se adhieran a personas que han tenido experiencias traumáticas en su pasado. Con el fin de tener claridad, encontramos que la palabra *trauma* es definida por Webster como "un desorden psíquico o un estado conductual que resulta del estrés mental o emocional grave, o lesión física".[6]

Las experiencias traumáticas pueden abrirles la puerta a los demonios. Estas pueden a menudo comprender accidentes. Abajo se mencionan dos experiencias traumáticas que afectan en gran manera la vida de los individuos.

Violación

> Violaron a las mujeres en Sion, a las vírgenes en las ciudades de Judá.
> —LAMENTACIONES 5:11

La violación es una de las experiencias más traumáticas que una persona pueda tener. Es una transgresión que deja cicatrices profundas en la psiquis de la víctima de este acto impío. Se abre la puerta para que una hueste de espíritus malignos entre y opere en la vida de la víctima.

Espíritus de herida, desconfianza, lujuria, perversión, ira, odio, furia, amargura, vergüenza, culpa y temor —todas manifestaciones del lado del rechazo del espíritu de doble ánimo— pueden entrar y atormentar a la persona por el resto de su vida si no son identificados y echados fuera. La violación también puede ser una maldición, y a menudo hay un historial de este pecado en la línea de sangre.

La violación siempre ha estado en la historia de la gente oprimida. Era (y es) común que los conquistadores violaran a las mujeres de quienes habían sido vencidos. Es uno de los actos más vergonzosos y humillantes que puede ser perpetrado sobre un pueblo oprimido.

A menudo las víctimas de violación llevan bloqueos sexuales al matrimonio, incluyendo espíritus de frigidez, emociones atadas y bloqueadas, odio a los hombres y temor a tener relaciones sexuales. Los individuos pueden crecer con profundas raíces de amargura que envenenan el organismo, abriendo la puerta a espíritus de enfermedad y debilidad, tal como el cáncer, como vimos en el capítulo 7.

Si usted ha experimentado algún tipo de trauma sexual como violación o abuso sexual, diga esta oración y permita que el Espíritu Santo comience a restaurarlo:

Padre, en el nombre de Jesús me liberó de este demonio acechador que busca robar, matar y destruir mi cuerpo, mi sexualidad y mi dignidad. Me libero de todo odio, amargura y rencor. Me libero de culparme por esta violación. Me libero de todo lazo del alma, espíritus de enfermedad u otros espíritus malignos que quisieran buscar adherirse a mi vida a causa de este trauma. Me libero de toda atadura que esté impidiendo que experimente una intimidad marital saludable y libre. Amén.

Incesto

Otra transgresión sexual común es el pecado de incesto. El incesto también puede provenir de una maldición y puede haber un historial de este pecado en la línea de sangre. Es un acto que genera mucha vergüenza y culpa. Abre la puerta a todo tipo de maldiciones, incluyendo demencia, muerte, destrucción, confusión, perversión y enfermedad. A menudo la víctima se culpa a sí misma por este acto aunque haya sido el resultado de un espíritu seductor. Si esto es algo con lo que el enemigo lo ha estado oprimiendo, comience a orar esta oración para liberación y sanidad:

Padre, en el nombre de Jesús, me libero de la ver-
güenza, la culpa, las ataduras del alma, así como
de cualquier espíritu obstaculizador que pudiera
tratar de impedir que viva una vida íntegra y sa-
ludable. Me libero de los dolorosos recuerdos de
este abuso y declaro que soy lavado por completo,
por dentro y por fuera. Me libero de todo espíritu
demoníaco que pudiera buscar entrar a través de
esta puerta abierta, y cierro esta puerta a mi pa-
sado y te pido un vallado de protección alrededor
de mi futuro. Amén.

LIBÉRESE DE LOS LAZOS IMPÍOS DEL ALMA

Maldito su furor, que fue fiero; y su ira, que fue dura.
Yo los apartaré en Jacob, y los esparciré en Israel.

—GÉNESIS 49:7

El Señor apartó a Simeón y a Leví porque ejercían una mala influencia entre sí. Un lazo del alma es un vínculo entre dos individuos; las almas (mentes, voluntades, emociones) de los individuos que son enlazadas o unidas. Los lazos impíos del alma se pueden formar a través de fornicación (Génesis 34:2–3) y hechicería (Gálatas 3:1; 4:17).

Como mencioné anteriormente, la gente necesita no solamente ser liberada de demonios, sino también de otras personas. Los lazos impíos del alma son avenidas a través de las que operan los espíritus de control, dominación, hechicería y manipulación. Si usted se unió con la gente incorrecta, estará en atadura y a veces sin saberlo.

Nunca es la voluntad de Dios que un individuo controle a otro. La verdadera libertad es ser liberado de cualquier poder controlador que le estorbe para cumplir la voluntad de Dios. Por lo general, los que están bajo control no son conscientes de que están siendo controlados. Por eso es que muchas veces el control es tan difícil de romper.

Un lazo impío del alma traerá como consecuencia la presencia de una influencia maligna en su vida. Mientras que los lazos del alma que son buenos lo ayudan a caminar con Dios, los lazos impíos entorpecen su caminar con el Señor. En la Biblia, los lazos impíos del alma comprenden la relación entre Acab y Jezabel (1 Reyes 18); Salomón y sus esposas, quienes desviaron su corazón del Señor (1 Reyes 11:1–4) y Leví y Simeón (Génesis 49:5–7).

Padre, en el nombre de Jesús, me libero de todas las relaciones que no han sido ordenadas por Dios, todas las relaciones que no son del Espíritu, sino de la carne, todas las relaciones basadas en control, dominio o manipulación, y todas las relaciones basadas en lujuria y engaño. Amén.

LIBÉRESE DE LOS RECUERDOS DEL PASADO

Olvidando ciertamente lo que queda atrás....
—FILIPENSES 3:13

Hay un espíritu maligno llamado rememoración o analepsis que puede hacer que una persona rememore experiencias pasadas. Esto mantiene a la persona atada a las experiencias traumáticas del pasado. Este espíritu provoca que una persona recuerde experiencias de herida, dolor y rechazo. Aunque quizás haya experiencias en su vida que nunca va a olvidar completamente, no debería estar atado al pasado a través de su memoria.

El enemigo no debería poder disparar cosas en su memoria que lo obstaculicen en su vida presente o futura. Por eso es que su memoria necesita liberación de malas experiencias, de heridas y traumas. Ore ahora:

Padre, en el nombre de Jesús, me libero de los efectos de todos los malos recuerdos, recuerdos dolorosos y recuerdos del pasado que me impiden avanzar en el presente o en el futuro. Amén.

LIBÉRESE DE LA FALTA DE PERDÓN Y AMARGURA

El resentimiento le abre la puerta a los espíritus atormentadores (Mateo 18). La amargura le abre la puerta a espíritus de enfermedad, incluyendo artritis y cáncer. Esta es simbolizada por la hiel y el ajenjo. El resentimiento deviene de haber sido herido, rechazado, abandonado, decepcionado, maltratado, violado, abusado, que se hayan aprovechado de usted, acusado falsamente, engañado, criticado, etc.

Padre, en el nombre de Jesús, me libero de toda amargura, falta de perdón y resentimiento. Le entrego a Dios a todos aquellos que me han ofendido o lastimado de alguna manera. Me libero de todos los espíritus de enfermedad como consecuencia de mi amargura. Cierro esa puerta, en el nombre de Jesús. Amén.

LIBÉRESE DEL DOLOR EMOCIONAL Y LAS ATADURAS

¿Es usted libre en sus emociones? Las emociones son parte del alma junto con la voluntad y la mente. Hay muchas personas cuyas emociones están atadas y bloqueadas. Los espíritus de herida, rechazo, ira, quebranto de corazón, duelo, tristeza, odio, amargura y furor pueden tomar el lugar de las emociones generando dolor emocional.

Sus emociones fueron creadas por Dios para expresar gozo y pesar. Ambas deben ser respuestas naturales a diferentes situaciones. No obstante, el enemigo entra para generar extremos en el plano emocional e incluso bloqueo de modo que una persona sea incapaz de expresar las emociones correctas.

Como consecuencia de las experiencias traumáticas del pasado, incluyendo violación, incesto, maltrato, muerte de un ser querido, guerra, tragedias, rechazo, abandono, accidentes, etc., puede venir el dolor emocional y ataduras. Si usted necesita liberación para poder expresar o controlar sus emociones de forma correcta, diga esta oración a fin de comenzar el proceso de restauración:

En el nombre del Señor Jesucristo, por la autoridad que se me ha dado para atar y desatar, libero mis emociones de cualquier espíritu maligno que haya venido como resultado de experiencias del pasado. Me libero de toda herida, herida profunda, dolor, tristeza, duelo, enojo, odio, ira, furor, amargura, temor, emociones atadas y emociones bloqueadas. Les ordeno a estos espíritus que salgan fuera, y declaro libertad en mis emociones en el nombre del Señor Jesucristo. Amén.

LIBÉRESE DE LAS ATADURAS DEL OCULTISMO

La palabra *oculto* significa "escondido". Participar del ocultismo le abre la puerta a muchos demonios, incluyendo espíritus de depresión, suicidio, muerte, destrucción, enfermedad, enfermedad mental, adicción, lujuria, etc. El ocultismo se encuentra relacionado con la hechicería, un espíritu demoníaco que puede asociarse con la raíz del espíritu de rebeldía. Jezabel es figura de este tipo de manifestaciones. Las prácticas de ocultismo comprenden:

- Tabla ouija
- Horóscopos
- Lectura de mano
- Lectura de hojas de té
- Lectores y asesores psíquicos
- Magia negra
- Magia blanca
- Percepción extrasensorial
- Drogas (de la palabra griega *pharmakeia*: "brujería")[7]

Padre, en el nombre de Jesús, me libero de toda participación del ocultismo, toda hechicería, adivinación, brujería, herencia psíquica, rebelión, toda confusión, enfermedad, muerte y destrucción como resultado de participar en el ocultismo. Amén.

LIBERE SU MENTE

Porque cual es su pensamiento en su corazón, tal es él.

—PROVERBIOS 23:7

Usted es como piensa. La mente siempre ha sido el blanco preferido del enemigo. Si el diablo puede controlar su mente, puede controlar su vida. Los espíritus que atacan la mente comprenden el control mental, confusión, colapso mental, ataduras mentales y espíritus que atan la mente, demencia, locura, manías, fantasías, malos pensamientos, migrañas, dolor de cabeza y pensamientos negativos. A todo esto denomino "pensamientos apestosos".

Las buenas noticias son que puede liberarse (inclusive su mente) de toda influencia maligna que opera a través de su mente. El control mental es un espíritu común que ha sido identificado por el nombre de *pulpo*. Los espíritus de control mental pueden asemejarse a un pulpo o calamar con tentáculos que sujetan y controlan la mente. La liberación del control mental libera a una persona de la presión mental, el dolor mental, la confusión y el tormento mental. Los espíritus de control mental pueden entrar a través de la música impía, la lectura libros de ocultismo, pornografía, enseñanzas falsas, religiones falsas, drogas y pasividad.

En el nombre de Jesús, libero mi mente de todos los espíritus de control, confusión, cautiverio mental, demencia, locura, fantasía, pasividad, intelectualismo, bloqueo de conocimiento, ignorancia, atadura mental, lujuria y malos pensamientos. Amén.

LIBERE SU VOLUNTAD DEL CONTROL DEMONÍACO

No se haga mi voluntad, sino la tuya.
—LUCAS 22:42

Uno de los mayores regalos dados al hombre es el del *libre albedrío*. La libertad de escoger y decidir es dada a todos. El

Señor no nos fuerza a obedecerlo. Él nos da la opción de humillarnos y someternos a su voluntad.

El diablo, por otro lado, intenta dominar y controlar nuestra voluntad para sus propósitos malignos. Cuando usted se encuentra incapaz de someter su voluntad a la voluntad de Dios es porque la misma está siendo controlada por los poderes de las tinieblas. Esta necesita ser *liberada* para obedecer la voluntad del Señor. Los espíritus que invaden y controlan la voluntad comprenden la terquedad, obstinación, falta de sumisión, rebelión, orgullo, desobediencia, lujuria y brujería.

Padre, en el nombre de Jesús, libero mi voluntad de todo control, dominio y manipulación de Satanás, sus demonios u otras personas. Libero mi voluntad de todos los espíritus de lujuria, rebelión, terquedad, orgullo, obstinación, egoísmo y falta de sumisión que han bloqueado y estorbado mi voluntad. Me libero de todas las cadenas alrededor de mi voluntad y someto mi vida a la voluntad de Dios. Amén.

LIBÉRESE DE LA PERVERSIÓN SEXUAL

Huid de la fornicación.

—1 CORINTIOS 6:18

La lujuria es un espíritu que se ha generalizado en nuestros días y en nuestra época. La perversión sexual comprende el incesto, homosexualidad, lesbianismo, masturbación, pornografía, fornicación y adulterio. El deseo sexual es uno de los apetitos más fuertes del cuerpo humano. Satanás desea controlarlo y pervertirlo fuera de la relación matrimonial dentro de la cual es bendito.

Muchos creyentes batallan en esta área con los espíritus acompañantes de culpa y condenación. Los espíritus de lujuria y perversión pueden operar en cualquier parte del cuerpo físico, incluso en los genitales, las manos, los ojos, la boca, el estómago y demás. Cualquier parte del cuerpo que se preste al pecado sexual será invadida y controlada por espíritus de lujuria (un ejemplo podrían ser los ojos al ver pornografía, las manos en los actos de masturbación o la lengua en conversaciones sucias).

En el nombre de Jesús, libero todos los miembros de mi cuerpo incluyendo mi mente, memoria, ojos, oídos, lengua, manos, pies y toda mi sexualidad, de toda lujuria, perversión, impureza sexual, suciedad, lascivia, promiscuidad, pornografía, fornicación, homosexualidad, fantasía, inmundicia, pasión ardiente e impulso sexual incontrolable. Amén.

LIBÉRESE DE HERENCIAS MALIGNAS

Las debilidades y las tendencias pueden ser heredadas de los pecados de los padres. Por ejemplo, una persona nacida de padres alcohólicos tendrá una mayor probabilidad de llegar a ser alcohólica. Hay enfermedades y padecimientos que pueden correr en la sangre, razón por la cual los doctores suelen a menudo verificar si hay un historial de ciertas enfermedades en la familia. Algunas de estas herencias malignas comprenden a lujuria, perversión, hechicería, orgullo, rebelión, divorcio, alcohol, odio, amargura, idolatría, pobreza, ignorancia y enfermedades (incluyendo enfermedades cardiacas, cáncer, diabetes e hipertensión).

Los *espíritus familiares* son demonios familiarizados con una persona y su familia ya que por lo general han estado en la familia por generaciones. Algunas veces estos espíritus son difíciles de romper por lo profundo que sus raíces corren en la línea familiar.

> *En el nombre de Jesús, me libero de toda herencia maligna incluyendo debilidades, actitudes, patrones de pensamientos, enfermedades, hechicería, lujuria, rebelión, pobreza, estilos de vida impíos y contienda heredados. Amén.*

LIBÉRESE DEL TEMOR

El temor es un espíritu paralizante que mantiene atadas a las personas en muchas áreas de sus vidas. Este espíritu se manifiesta en numerosas formas: temor al rechazo (trabaja con el rechazo y el autorechazo), temor a ser herido, temor a la autoridad (incluyendo a los pastores), temor a la hechicería, temor de la carrera profesional, temor de morir, temor al fracaso, temor al futuro, temor a la responsabilidad, temor a la oscuridad, temor a estar solo, temor de lo que la gente piense de usted, temor de lo que la gente diga de usted, temor al infierno, temor de los demonios y la liberación, temor a la pobreza, terror, espanto, temor repentino, aprensión. Todas estas manifestaciones se deben quebrar en el nombre de Jesús.

> *En el nombre de Jesús, me libero de todos los temores incluyendo temores de la infancia, temores por trauma, temores del pasado y todos los temores heredados. Amén.*

LIBÉRESE DEL RECHAZO

El rechazo impide que uno dé o reciba amor de parte de Dios o de otras personas. También hay un espíritu llamado *rechazo desde el vientre* que entra en el vientre porque el bebé no era deseado. El autorechazo y el temor al rechazo son otros espíritus relacionados. El rechazo también es un portero. Este espíritu le abre la puerta a otros espíritus para que entren, incluyendo al temor, herida, resentimiento y amargura. Se asocia con la rebeldía provocando el doble ánimo.

Casi todos hemos experimentado el rechazo en algún momento u otro en la vida. La gente puede ser rechazada por su género, color de piel, estatus económico, tamaño, forma, etcétera. El rechazo es una de las fortalezas principales en la vida de muchos.

En el nombre de Jesús, me libero del espíritu de rechazo. Soy acepto en el Amado. Soy el escogido de Dios en Cristo Jesús. Me libero del autorechazo y del autosabotaje. Me libero del temor al hombre y de agradar a la gente. Busco solamente agradar a Dios. Me libero para recibir amor de Dios y de otros sin temor. Le cierro la puerta al rechazo, al temor, la herida, el resentimiento, la amargura y la rebelión. En el nombre de Jesús, Amén.

LIBÉRESE DE UNA CONCIENCIA CULPABLE

Ser *liberado* significa ser perdonado y librado de toda culpa. Usted ha sido perdonado por el Padre a través de la sangre de Jesús. Usted es liberado de la culpa, vergüenza y condenación. También debe ser liberado de la ley (legalismo). La ley trae condenación y juicio, pero Jesús trae perdón y reconciliación. Liberamos nuestra conciencia al aplicar *la sangre de Jesús*, por fe.

Satanás utiliza la culpa y la condenación para golpear a los creyentes. Los creyentes que no comprenden la gracia están batallando en su vida cristiana, sin jamás poder cumplir con las normas religiosas que se les han impuesto a través del legalismo. Ser libre en su conciencia es tener paz de Dios en su mente y en su corazón.

En el nombre de Jesús, me libero de toda culpa, ver-güenza, condenación, autocondenación y legalismo. Amén.

QUÉ ESPERAR AL RECIBIR LIBERACIÓN

Aunque muchas liberaciones tienen que ver con manifestaciones físicas obvias, no todos reaccionan de esta manera. Algunos espíritus se van silenciosamente y sin violencia. Probablemente no tenga una fuerte reacción física al recibir liberación; por lo tanto, no se decepcione si no la recibe de esta manera. Lo que usted debe esperar es alivio. Usted sabrá que se produjo liberación cuando:

1. La fuerza opresiva desaparece.
2. La pesadez se levanta.
3. La inquietud se va.
4. La carga o el peso se aligera.
5. Hay un sentimiento interno de liberación, libertad y satisfacción divina o contentamiento.
6. El gozo del Señor viene, y usted es capaz de regocijarse.

El resultado de la liberación es "justicia y paz y gozo en el Espíritu Santo" (Romanos 14:17). Cuando los demonios son echados fuera, el Reino de Dios ha llegado (Mateo 12:28).

CÓMO MANTENER SU LIBERACIÓN

El dominio propio es la clave principal para mantener su liberación. Usted deberá estar atento para identificar y erradicar las áreas de su vida que estaban fuera de control. No regrese a un estilo de vida en el que se deja llevar fácilmente, desordenadamente, fuera de las manos, rebelde, incontrolable, ingobernable, inmanejable, caprichoso o indisciplinado. El Espíritu Santo es su brújula y lupa en esta área. Un estilo de vida indisciplinado lo volverá a llevar a ataduras. No existe una liberación y libertad duradera sin disciplina.

> Como ciudad derribada y sin muro es el hombre cuyo espíritu no tiene rienda.
>
> —PROVERBIOS 25:28

La Nueva Versión Internacional traduce Proverbios 25:28 así: "Como ciudad sin defensa y sin murallas es quien no sabe dominarse". Las ciudades sin murallas eran propensas a la invasión y al ataque de fuerzas externas. Del mismo modo, una persona sin dominio propio está abierta a los demonios.

A fin de mantener su liberación, usted debe tener dominio propio en las siguientes áreas:

1. Pensamientos: Filipenses 4:8 dice: "Por lo demás, hermanos, todo lo que es verdadero, todo lo honesto, todo lo justo, todo lo puro, todo lo amable, todo lo que es de buen nombre; si hay virtud alguna, si algo digno de alabanza, en esto pensad".
2. Apetito: Proverbios 23:2 dice: "Y pon cuchillo a tu garganta, si tienes gran apetito".

3. El habla: Proverbios 25:28 dice: "Como ciudad derribada y sin muro es el hombre cuyo espíritu no tiene rienda". ("Una persona sin control propio es como una ciudad con las murallas destruidas").
4. Carácter sexual: 1 Corintios 9:27 dice: "Más bien, golpeo mi cuerpo y lo domino, no sea que, después de haber predicado a otros, yo mismo quede descalificado" (NVI).
5. Emociones: Proverbios 15:13 dice: "El corazón alegre hermosea el rostro; mas por el dolor del corazón el espíritu se abate".
6. Carácter: Eclesiastés 7:9 dice: "No te apresures en tu espíritu a enojarte; porque el enojo reposa en el seno de los necios".

De la siguiente manera se obtiene y mantiene el dominio propio y, por lo tanto, se mantendrá libre de toda atadura:

1. Lea la Palabra de Dios a diario.
2. Encuentre en grupo de personas creyentes, preferentemente una iglesia y reúnase con ellas regularmente para adoración, estudio de la Palabra y ministración.
3. Ore con entendimiento y en lenguas.
4. Aplique la sangre de Jesús sobre usted y su familia.
5. Identifique como mejor pueda, cuáles espíritus han sido echados fuera de su vida. Haga una lista, porque Satanás tratará de recuperar esas áreas.
6. La manera en que los demonios logran volver a entrar es a través de una vida de pensamientos permisiva e indisciplinada. La mente es el campo de batalla. Usted debe echar fuera la fantasía y

llevar cautivo todo pensamiento a la obediencia a Cristo (2 Corintios 10:5).

7. Ore al Padre fervientemente, pídale que pueda estar alerta, sobrio y atento a los malos pensamientos (1 Pedro 5:8-9).

8. Los demonios le dan señales de su acercamiento cuando los patrones de pensamientos que solía tener, intentan regresar. Tan pronto como esto suceda, repréndalos inmediatamente, y diga verbalmente que los rechaza.

9. Usted tiene la autoridad para desatar los ángeles del Señor para hacerles frente a los demonios (Hebreos 1:14; Mateo 18:18). Ate los demonios y suelte sobre ellos los espíritus de destrucción (1 Crónicas 21:12), devastación y juicio (Isaías 4:4), del Señor Jesucristo. Desate los ángeles guerreros sobre los demonios.

PERMITA QUE LA LUZ DE CRISTO BRILLE SOBRE USTED

La liberación trae la luz de Cristo a los lugares oscuros de su alma. Los demonios prosperan en las tinieblas, mas la liberación hace brillar la luz sobre ellos y los incomoda. Estos no pueden habitar en lugares con mucha luz. La Biblia dice que todo lo que está oculto debe salir a la luz. (Vea Lucas 8:17). Los demonios están al acecho del momento perfecto para aparecer y destruir su vida cuando menos lo espere, pero no permanecerán por mucho tiempo cuando Jesús comience a resplandecer en su vida.

El objetivo de cada creyente debería ser el permitir que la luz del Señor resplandezca en nosotros, sobre nosotros y a través de nosotros. Cuando somos sanados y librados para vivir una vida estable y que honre a Dios, Jesús es reflejado en nosotros. No seremos movidos por las tormentas de la vida. Las personas nos mirarán y se preguntarán por qué permanecemos inquebrantables, sensatos y llenos de paz y sabiduría cuando la vida se torna difícil. Comenzarán a preguntarse quién es este Dios en quien hemos puesto nuestra confianza. ¡Nuestras vidas serán de gran testimonio!

Jesús es luz. Nosotros somos hijos de luz. Caminar en la luz del Señor significa caminar en sabiduría, entendimiento y revelación. Esto quiere decir que usted no tiene que tropezar en las tinieblas, sino que puede caminar en la dirección y el propósito de Dios para su vida. Muchas personas viven en tinieblas, sin la luz del Señor. Las tinieblas son ignorancia, confusión y muerte.

La luz resplandecerá donde sea que Jesús sea levantado y exaltado. La luz es la gloria. La luz es vida.

> Porque en otro tiempo erais tinieblas, mas ahora sois luz en el Señor; andad como hijos de luz.
> —EFESIOS 5:8

> Porque todos vosotros sois hijos de luz e hijos del día; no somos de la noche ni de las tinieblas.
> —1 TESALONICENSES 5:5

> Porque Dios, que mandó que de las tinieblas resplandeciese la luz, es el que resplandeció en nuestros corazones, para iluminación del conocimiento de la gloria de Dios en la faz de Jesucristo.
> —2 CORINTIOS 4:6

CAPÍTULO 9

CLAME A JEHOVÁ

Oraciones para liberación del doble ánimo

Pero clamaron a Jehová en su angustia, y los libró de sus aflicciones. Envió su palabra, y los sanó, y los libró de su ruina.

—SALMO 107:19–20

LAS ORACIONES DERRIBAN fortalezas. Cuando oramos, imponemos sobre Satanás la victoria de la Cruz. Ejecutamos los juicios que fueron escritos en su contra a través de nuestras oraciones. Reforzamos el hecho de que los principados y las potestades han sido despojados (2 Colosenses 2:15). Este privilegio se les ha concedido a todos los santos de Dios.

Se nos ha animado a clamar a Dios (Jeremías 33:3). El Señor se complace en nuestras oraciones y en responder cada una de ellas. Antes de que clamemos, Él responderá (Isaías 65:24).

Sus oídos están atentos a las oraciones del justo (1 Pedro 3:12). La oración eficaz del justo puede mucho (Santiago 5:16). Se nos ha dicho que oremos sin cesar (1 Tesalonicenses 5:17). Nuestro Dios oye las oraciones. A Él vendrá toda carne (Salmos 65:2). Como creyentes, tenemos desafíos similares, y todos podemos vencer estos desafíos a través de la oración. Dios no hace acepción de personas. Está cercano a aquellos que claman a Él (Salmos 145:19). El Señor oirá su ruego y recibirá sus oraciones (Salmos 6:9). El clamor al Señor traerá salvación y liberación de sus enemigos (Salmos 18:3). Esto siempre ha sido una llave a la liberación. Usted puede clamar ante cada circunstancia adversa. El Señor es su ayudador. Dios no echará de sí sus oraciones (Salmos 66:20). Él no desechará sus ruegos (Salmos 102:17). Las oraciones de los rectos es el gozo del Señor (Proverbios 15:8).

Nuestras oraciones de fe constituyen las claves para ver milagros y victorias de manera constante. Todo aquello que pidamos en oración, creyendo, lo recibiremos (Mateo 21:22).

Aquí hay algunas oraciones basadas en las tres fortalezas —rechazo, rebeldía y la raíz de amargura—y en los grupos de demonios que fueron revelados a lo largo de este libro, los cuales están arraigados en el doble ánimo.

ORACIÓN PARA RENUNCIAR A LOS ESPÍRITUS DE RECHAZO Y AUTORECHAZO

Padre celestial, creo en que formidables y maravillosas son tus obras, Señor. Tú me has creado espíritu, alma y cuerpo, Señor. Tú deseas que sea sano en todas las áreas de mi vida: mi espíritu, mi alma y mi cuerpo. Por eso Señor, te ruego que me sanes y me liberes de toda imagen negativa que pueda tener en mi vida; de todo espíritu de autorechazo, odio, culpa, vergüenza, temor, falta de perdón, amargura y resentimiento que pueda tener en mi corazón, hacia mi madre, mi padre, mis hermanos; cualquier otra persona que me haya herido, rechazado, abandonado, que se haya aprovechado de mí, que haya causado que me rechace o me menosprecie.

Señor, perdóname si he declarado palabras contra mi propia vida, si he tenido deseos de muerte; o si he dicho cosas en contra de mi persona, rompo el poder de esas palabras. Rompo el poder de toda palabra negativa que salió de mi boca en contra de mi vida. Toda maldición de muerte, enfermedad o destrucción autoinfligida; rompo el poder de esas palabras. Renuncio a los demonios que han entrado en mi vida a través de las heridas, rechazo o malas relaciones. No tienen derecho a permanecer en mi vida.

Me perdono por todo aquello que haya hecho en el pasado de lo que me avergüence. Renuncio a toda vergüenza, toda culpa, en el nombre de Jesús. Me acepto a mí mismo. Creo que me has creado con un propósito. Soy creación tuya y no me rechazaré. Tú me has hecho de cierta manera, la cual no despreciaré.

Hoy renuncio a todo autorechazo y odio; a toda culpa, vergüenza, temor, amargura, ira y resentimiento en mi vida, los cuales están afectando a mi sistema inmunológico, sistema sanguíneo, sistema esquelético, sistema nervioso y sistema glandular, en el nombre de Jesús; mi sistema muscular; todo aquello que esté afectando mis intestinos, huesos, articulaciones, estómago, páncreas, riñones, hígado, bazo, garganta y todo órgano de mi cuerpo; mi corazón, en el nombre de Jesús.

Ordeno a todo espíritu que opera en mi corazón, intestinos, estómago, todo órgano de mi cuerpo que pueda provocar que no funcione adecuadamente, que salga fuera de mi vida.

Renuncio hoy a todo espíritu de enfermedad, aflicción, dolencia, muerte, muerte prematura y destrucción, en el nombre de Jesús; y te ordeno que salgas. Renuncio a todo espíritu que afecta mi sangre, mi nivel de azúcar en sangre, mi nivel de presión arterial, en el nombre de Jesús.

Todo dolor, inflamación, enfermedad, podredumbre en mis huesos, te ordeno que dejes mi cuerpo; todo demonio que seca mis huesos, en el nombre de Jesús; todo demonio que provoca que mi sangre esté afectada, en el nombre de Jesús; todo demonio que causa que mi cuerpo se ataque y destruya a sí mismo, no puedes permanecer en mi cuerpo. Te ordeno que salgas, en el nombre de Jesús. Te ordeno que te vayas por el poder de Dios; por la unción de Jesucristo no tienes derecho a quedarte. Renuncio y me arrepiento y te ordeno que salgas fuera en el nombre de Jesús.

DECLARACIONES PARA LIBERACIÓN DEL RECHAZO

Declaro que tú me has santificado con tu Palabra; tu Palabra sobre mí es verdad (Juan 17:17).

Señor, tú eres mi luz y mi salvación. Tú eres la fortaleza de mi vida; no temeré a nada ni a nadie (Salmos 27:1).

Creo y recibo lo que has dicho sobre mí.

Tu verdad me hace libre de un espíritu de rechazo.

Has clavado mi rechazo en la cruz. Soy hecho libre.

Fuiste despreciado y desechado. Conoces de cerca mi quebranto y mi dolor. Pero por tu llaga soy libre del rechazo (Isaías 53:3–5).

El Señor está conmigo; no temeré lo que me pueda hacer el hombre (Salmo 118:6).

Las cuerdas me cayeron en lugares deleitosos, y es hermosa la heredad que me ha tocado (Salmo 16:6).

He sido bendecido con toda bendición espiritual en los lugares celestiales en Cristo (Efesios 1:3).

Fui escogido por Dios desde antes de la fundación del mundo (Efesios 1:4).

Soy santo y sin mancha (Efesios 1:4).

He sido adoptado tu hijo según el puro afecto de tu voluntad (Efesios 1:5).

Soy acepto en el Amado (Efesios 1:6).

Soy redimido por la sangre de Jesús (Efesios 1:7).

Soy un heredero (Efesios 1:11).

Estoy sentado en lugares celestiales con Cristo Jesús (Efesios 2:6).

Soy hechura del Señor, creado en Cristo Jesús para buenas obras (Efesios 2:10).

Soy conciudadano de los santos, y miembro de la familia de Dios (Efesios 2:19).

Me ha dado preciosas y grandísimas promesas, para que por ellas llegara a ser participante de la naturaleza divina (2 Pedro 1:4).

Soy fortalecido con poder en el hombre interior por el Espíritu de Dios (Efesios 3:16).

Estoy arraigado y cimentado en amor (Efesios 3:17).

Soy renovado en el espíritu de mi mente (Efesios 4:23).

Ando en amor (Efesios 5:2).

Soy lleno del Espíritu de Dios (Efesios 5:18).

Soy más que vencedor (Romanos 8:37).

Soy un vencedor por la sangre del Cordero (Apocalipsis 12:11).

Soy la justicia de Dios en Cristo Jesús (2 Corintios 5:21).

Soy sano (1 Pedro 2:24).

El Hijo me ha hecho libre (Juan 8:36).

Soy nacido de Dios, por lo tanto soy victorioso (1 Juan 5:4).

ORACIÓN PARA RENUNCIAR
A LA AMARGURA

Padre, en el nombre de Jesús, te doy gracias porque no tengo que sufrir de las amarguras que causan las experiencias de la vida. Señor, todos hemos pasado por algo que pudo provocar que nos aferremos a la amargura y al enojo; pero Señor, no permitiré que la amargura destruya mi vida. No permitiré que la amargura tenga lugar en los miembros de mi familia ni en mí. No permitiré que la amargura entre a causa de los ataques de Satanás. No permitiré que la amargura entre a causa de la lujuria o el alcohol. No moriré en amarguras. No permitiré que amargura salga de mis labios. No permitiré que la amargura destruya mi salud física.

Renuncio a toda amargura, resentimiento, ira, heridas y furia, en el nombre de Jesús. Padre, me levanto contra todo espíritu de injusticia, y sentimientos de que la vida ha sido injusta. Renuncio a la mentalidad de víctima y a todo sentimiento de haber sido engañado. Caminaré en amor, perdón, humildad, compasión y bondad, en el nombre de Jesús.

Gracias, Señor. Gracias por liberarme de la raíz de amargura, y del odio e ira. Jesús, has muerto para vencer la amargura; y aún en la cruz tu dijiste: "Padre, perdónalos, porque no saben lo que hacen" (Lucas 23:34). Tú no permitiste que la amargura entrara en tu corazón, aun cuando estabas siendo crucificado. Señor, tú venciste la amargura, y la venciste por mí.

Amargura, fuiste derrotada por Jesús en la cruz. No tienes derecho alguno a estar en mi vida. No tienes lugar en mi vida, en el nombre de Jesús. Amén.

ORACIÓN PARA ECHAR FUERA AL DEMONIO DE AMARGURA

Padre celestial, creo que Jesús es el Hijo de Dios. Creo que Jesús murió en la cruz por mis pecados. Creo que Él venció todo principado y potestad, a través de su muerte en la cruz. Creo que Jesús venció la amargura, la falta de perdón, el resentimiento, la ira, el odio, el enojo, la furia y la muerte; en el nombre de Jesús, estos demonios son derrotados, por medio del amor de Dios y del poder de la sangre. No tienen lugar para obrar en mi vida.

No me convertiré en una persona amargada. No permitiré que la amargura me destruya, ni destruya mi cuerpo. Soy libre de todo espíritu de amargura. Renuncio a toda amargura, ira, odio, muerte, furia, represalia, rencor y venganza, en el nombre de Jesús. Renuncio a todo dolor, miseria y frustración; en el nombre de Jesús, renuncio a toda enfermedad y toda lujuria. En el nombre de Jesús, renuncio al alcoholismo y a las drogas.

En el nombre de Jesús, rompo el poder de toda amargura. Si hay alguna raíz de amargura en mi vida, te ordeno, en el nombre de Jesús, que seas arrancada desde la raíz. Renuncio a toda herida y quebranto de corazón. Perdono a toda persona que me haya herido, maltratado, que se haya aprovechado de mí, decepcionado, rechazado, robado o engañado. La perdono y la bendigo.

Perdono a mis familiares por lo que pudieron haberme hecho para lastimarme o decepcionarme. Los amo y los bendigo. En el nombre de Jesús, perdono a los líderes, pastores o figura de autoridad que pudieron haberme herido, decepcionado, rechazado, o haberse aprovechado de mí. Los perdono y los bendigo.

En el nombre de Jesús, suelto de mi vida toda amargura, toda ira, todo odio, toda furia, toda muerte, y ordeno a estos demonios a salir de mi cuerpo, de mi corazón, a salir de mi mente y de mi boca. En el nombre de Jesús, no tienen derecho a permanecer; deben irse. Los echo fuera de mi vida. Todo hombre fuerte, toda fortaleza de amargura, resentimiento, falta de perdón y toda raíz de amargura, los reprendo en el nombre de Jesús.

ORACIÓN PARA SANIDAD FÍSICA DE LAS ENFERMEDADES DERIVADAS DE LA AMARGURA Y LA FALTA DE PERDÓN

Padre celestial, gracias por ser mi sanador. Creo que eres Jehová Rafa, mi sanador. No permitiré que las malas experiencias del pasado me llenen de amargura. No permitiré que la raíz de amargura se desarrolle en mi vida. Señor, perdono a toda persona de mi pasado que alguna vez me haya herido, decepcionado, rechazado, abusado o que se haya aprovechado de mí de alguna forma. Te pido que los perdones, así como yo también los *perdono, y los cubro con amor. Me libero de toda amargura, herida, rechazo y dolor de mi pasado.*

En el nombre de Jesús, corto toda atadura entre la enfermedad y la amargura en mi vida. Renuncio a toda enfermedad, dolencia y alergias en el nombre de Jesús; y oro por sanidad. Todo cáncer o artritis, no pueden arraigarse en mi organismo. Renuncio y te reprendo. Señor, me comprometo a ser bondadoso, afectuoso, misericordioso y cortés hacia mi prójimo. En el nombre de Jesús, caminaré en perdón. No me comportaré con maldad ni tomaré represalias. No caminaré en rencor o venganza. No seré malintencionado, en el nombre de Jesús.

Padre, te doy gracias porque he sido sanado, restaurado y liberado. Ordeno que todo demonio de amargura, falta de perdón, resentimiento, ira, muerte, represalia, venganza y rencor salga de mi vida, en el nombre de Jesús. Todo demonio de rebeldía y terquedad, debes irte. No tienes derecho a permanecer en mi vida. Declaro la sanidad de toda amargura y resentimiento, en el nombre de Jesús. Gracias, Señor, por sanarme y liberarme.

ORACIÓN PARA PERDONAR A OTROS

Si conoce alguna persona en particular a quien deba perdonar, necesita hacerlo ahora mismo. Bendígala y sea libre de toda amargura. No es la voluntad de Dios para su vida que se aferre a la amargura. Si Dios le está trayendo a memoria nombres de personas, usted debe perdonarlas ahora. Puede hacer su propia oración o usar esta como punto de partida para poder perdonar a quienes deba.

Padre celestial, en el nombre de Jesús, perdono a [nombre la persona] por [nombre la/s ofensa/s]. Señor, sé que has dicho que la venganza está en tus manos. Pongo mi confianza en ti para que obres en la vida de esta persona según tus perfectos y justos caminos.

Dejo atrás todo sentimiento de dolor, ira, amargura, resentimiento, juicio, represalia, venganza, deseos de muerte y todo aquello que he tenido y deseado en contra del futuro de [nombre la persona].

Señor, sana mi memoria de todo hecho doloroso. Sana mis ojos y mis oídos de lo que pude haber visto o escuchado por error. Llévame a un lugar de amor para con esta persona; que pueda llegar a orar oraciones de bendición para [él o ella] aun a la distancia. Tú eres mi ejemplo de amor y perdón perfectos cuando oraste por aquellos que te crucificaron: "Padre, perdónalos, porque no saben lo que hacen". Ayúdame, Jesús, a ser como tú.

Señor, te pido que puedas sanar cada área de mi mente, cuerpo y alma, que ha sido afectada a causa de mi falta de perdón. Restaura en mí todo aquello que la falta de perdón, la amargura y el resentimiento me han robado.

También te pido que me perdones por tratar de resolver los problemas con relación a [nombre la persona] por mis propias fuerzas. Tuyos son para disciplinar o bendecir. Por todo aquello que haya hecho para lastimarlos de alguna forma, te pido que me perdones y les restaures lo que hayan perdido, en el nombre de Jesús. Amén.

Oraciones para quebrantar a los espíritus de doble ánimo

Ato y reprendo todo espíritu que se levante para intentar distorsionar, alterar o desintegrar el desarrollo de mi personalidad, en el nombre de Jesús.

Quebranto toda maldición de esquizofrenia y doble ánimo sobre mi familia, en el nombre de Jesús.

Ato y reprendo a todos los espíritus de doble ánimo, en el nombre de Jesús (Santiago 1:8).

Ato y tomo la autoridad que me fue dada sobre la fortaleza de rechazo y rebeldía, y las separo en el nombre de Jesús.

Ato y echo fuera todo espíritu de rechazo, temor al rechazo y autorechazo, en el nombre de Jesús.

Ato y echo fuera todo espíritu de lujuria, fantasía, prostitución y perversidad, en el nombre de Jesús.

Ato y echo fuera todo espíritu de inseguridad e inferioridad, en el nombre de Jesús.

Ato y echo fuera todo espíritu de autoacusación y confesión compulsiva, en el nombre de Jesús.

Ato y echo fuera todo espíritu de temor a ser juzgado, autocompasión, compasión y responsabilidad falsas, en el nombre de Jesús.

Ato y echo fuera todo espíritu de depresión, abatimiento, desesperación, desánimo y desesperanza, en el nombre de Jesús.

Ato y echo fuera todo espíritu de culpa, condenación, indignidad y vergüenza, en el nombre de Jesús.

Ato y echo fuera todo espíritu de perfeccionismo, orgullo, vanidad, ego, intolerancia, frustración e impaciencia, en el nombre de Jesús.

Ato y echo fuera todo espíritu de injusticia, retraimiento, gesto mohíno, irrealidad, fantasía, fantasear despierto e imaginaciones vívidas, en el nombre de Jesús.

Ato y echo fuera todo espíritu de autoconciencia, timidez, soledad y susceptibilidad, en el nombre de Jesús.

Ato y echo fuera todo espíritu de locuacidad, nerviosismo, tensión, en el nombre de Jesús.

Ato y echo fuera todo espíritu de obsesión, egoísmo y terquedad, en el nombre de Jesús.

Ato y echo fuera todo espíritu de acusación, en el nombre de Jesús.

Ato y echo fuera todo espíritu de delirio, autoengaño y autoseducción, en el nombre de Jesús.

Ato y echo fuera todo espíritu de juicio, orgullo y rechazo a aprender, en el nombre de Jesús.

Ato y echo fuera todo espíritu de control y posesividad, en el nombre de Jesús.

Ato y echo fuera toda raíz de amargura, en el nombre de Jesús.

Ato y echo fuera todo espíritu de odio, resentimiento, violencia, muerte, falta de perdón, ira y represalia, en el nombre de Jesús.

Ato y echo fuera todo espíritu de paranoia, sospecha, desconfianza, persecución, confrontación y temor, en el nombre de Jesús.

CAPÍTULO 10

CONVIÉRTASE EN EL CREYENTE DEL SALMO 112

Una representación del hombre constante

Aleluya.
Bienaventurado el hombre que teme a Jehová, y en
sus mandamientos se deleita en gran manera.
Su descendencia será poderosa en la tierra; la generación de los
rectos será bendita. Bienes y riquezas hay en su casa, y su justicia
permanece para siempre. Resplandeció en las tinieblas luz a los
rectos; es clemente, misericordioso y justo. El hombre de bien
tiene misericordia, y presta; gobierna sus asuntos con juicio, por
lo cual no resbalará jamás; en memoria eterna será el justo.
No tendrá temor de malas noticias; su corazón está firme, confiado
en Jehová. Asegurado está su corazón; no temerá, hasta que vea
en sus enemigos su deseo. Reparte, da a los pobres; su justicia
permanece para siempre; su poder será exaltado en gloria.

—Salmo 112:1–9

E L Salmo 112 nos da un panorama del hombre estable, firme y resuelto, lo cual constituye exactamente lo opuesto al hombre inconstante y de doble ánimo de Santiago 1:8. El hombre que teme a Jehová es clemente, misericordioso y presta. Su corazón está firme, por lo cual no resbalará jamás. Es firme y consistentemente recto, y su justicia permanece para siempre.

Este salmo nos proporciona un estándar al que todo creyente estable debería aspirar. Convertirnos en el hombre del Salmo 112 debería ser nuestro objetivo. Este hombre es una representación de Cristo y las características o cualidades que revela este pasaje no se pueden alcanzar excepto en Cristo. Estos versículos revelan la clave para ser verdaderamente prósperos, desde el interior hacia el exterior; prósperos en el sentido que Dios destinó para todo su pueblo.

Cuando en la mayoría de las iglesias se enseña sobre prosperidad, no la predican con el sentido de prosperidad interior. La Biblia dice que debemos ser prosperados, así como prospera nuestra alma. La prosperidad es mucho más que tener abundancia económica o ser adinerados. Uno puede tener dinero y no prosperidad. Si su matrimonio y otras relaciones fracasan, su mente, cuerpo o espíritu están enfermos, si no encuentra paz; entonces no es una persona próspera.

La prosperidad significa plenitud, paz, favor y bienestar. La prosperidad es *shalom*. En mi serie *Covenant* (Pacto), hablo sobre la bendición de *shalom*. *Shalom* significa gozar de las relaciones, relaciones *saludables*. Gozar de una mente, cuerpo y economía saludables. La prosperidad verdadera es el resultado de la prosperidad interior.

Cuando no sea prosperado, no busque culpar a alguien o a algo; sino mire su interior. Pídale a Dios que le muestre si hay algo inestable en su vida y en su corazón.

> Escudríñame, oh Jehová, y pruébame; examina mis íntimos pensamientos y mi corazón.
>
> —SALMO 26:2

> Examíname, oh Dios, y conoce mi corazón; pruébame y conoce mis pensamientos; y ve si hay en mí camino de perversidad, y guíame en el camino eterno.
>
> —SALMO 139:23–24

Pídale a Dios que le muestre si hay algo en usted por lo cual necesita sanidad o liberación, a fin de que lo que esté en su interior pueda reflejarse en su exterior.

> Amado, yo deseo que tú seas prosperado en todas las cosas, y que tengas salud, así como prospera tu alma.
>
> —3 JUAN 1:2

Si usted no es próspero en su interior, entonces toda prosperidad externa que obtenga se destruirá. No podrá mantener una prosperidad externa sin ser una persona estable en su interior. Hay muchas personas que intentan prosperar financiera, física y mentalmente. Se ocupan de sus cuerpos al comer saludable y hacer ejercicios; y de tener paz y salud mental. Quieren prosperar. Creen que la voluntad de Dios es que sean prósperos. No obstante, me sorprende ver que muchas de estas personas —aquellas que profetizan, hablan en lenguas, echan fuera demonios, son salvas y nacidas de nuevo, aman al Señor, permanecen en la Palabra, son llenas con el Espíritu Santo, alaban a Dios, adoran, y hacen todo lo que se les ha enseñado— aún no prosperan en su salud, en sus mentes, en sus finanzas ni en sus relaciones. Están infelices, insatisfechas, confundidas y desorientadas. No logran prosperar.

La verdad es que nuestras vidas son el resultado directo de lo que hay en nuestros corazones. Si estudia 2 Corintios 9, en donde Pablo exhorta a la Iglesia a dar generosamente, note que cita el Salmo 112. La generosidad del hombre del Salmo 112 se menciona inmediatamente después de que el texto hace referencia a la condición del corazón del hombre. Cuanto más estudio sobre el doble ánimo, más me doy cuenta de que no se trata solo sobre la indecisión, la duda, la vacilación y la incongruencia; sino que también es algo característico del hombre impío.

En los dos lugares en donde la epístola de Santiago habla sobre el doble ánimo, el autor le atribuye estas palabras a la persona impura de corazón. En las Escrituras, las personas de doble ánimo se relacionan con los pecadores e impíos. El doble ánimo no es una característica de una persona devota. La prosperidad de la persona devota le permite dar a los pobres; eso fluye de un corazón devoto, que teme a Jehová, que se deleita en gran manera en sus mandamientos y está establecido y firme. Dios desea este tipo de vida para nosotros. Necesitamos reconocer que cuando Jesús nos salva, usa la liberación para estabilizar nuestras vidas.

Si nuestras vidas son inestables, por lo general es porque nuestros corazones son inestables. La Biblia dice: "Sobre toda cosa guardada, guarda tu corazón; Porque de él mana la vida". El corazón, espiritualmente hablando, es más que una bomba física. Su corazón es su mente o espíritu. Este constituye el centro de su ser, y desde ese centro mana la vida.

Una de las peores cosas que podemos creer sobre nosotros mismos u otras personas es que tenemos un buen corazón a pesar de que nuestras vidas sean un desastre. ¿Ha ido alguna vez al funeral de un traficante de drogas del vecindario, y que el predicador o algún miembro de la familia dijera algo como "él vendía drogas, murió de un disparo a los treinta y cinco años, pero tenía un buen corazón"? No, no tenía un buen corazón. Pudo haber hecho algunas obras buenas; quizás les compró a algunos niños varios dulces, y proveía para las necesidades materiales de su familia. Sin embargo, si vendía drogas, estaba cometiendo un delito y murió de un disparo a una temprana edad; entones no tenía un buen corazón. De haber tenido un buen corazón, su vida no hubiese estado tan perdida.

No podemos seguir actuando bajo la suposición falsa de que todos tenemos corazones buenos, cuando los frutos de nuestras vidas muestran lo contrario. De hecho, a veces podemos tener buenas intenciones, pero si vivimos vidas inestables, entonces nuestros corazones serán inestables también. Necesitamos un cambio en nuestro corazón.

Su corazón controla lo que sale a la luz en su vida. Es importante asegurarse de que su corazón, alma y mente sean rectos. Para esto es la liberación: para restaurar su alma; para obrar con cosas de su interior que puedan causarle un corazón inconstante (cosas como el rechazo, rebeldía, temor, ira, lujuria, odio, resentimiento amargura, falta de perdón, envidia, paranoia, egoísmo y desconfianza). Si tales cosas están en su corazón, van a afectar su forma de vida, desde las relaciones y estilo de vida, hasta su prosperidad. No prosperará de la forma que Dios quiere, si no prospera primeramente desde su interior.

Veamos ahora el Salmo 112 versículo por versículo para aprender cómo se conforma una persona estable y próspera desde su interior hacia el exterior.

VERSÍCULO 1: BIENAVENTURADO, FELIZ Y DICHOSO

Bienaventurado el hombre que teme a Jehová, y en sus mandamientos se deleita en gran manera.

Comienza con "bienaventurado" que significa feliz o dichoso.

VERSÍCULO 2: DESATE LA BENDICIÓN SOBRE LA PRÓXIMA GENERACIÓN

Su descendencia será poderosa en la tierra; la generación de los rectos será bendita.

La piedad en la vida de una persona desata la bendición sobre la próxima generación. Si queremos que nuestros hijos sean bendecidos, entonces necesitamos vivir este tipo de estilo de vida.

VERSÍCULO 3: PRÓSPEROS FINANCIERAMENTE, MÁS QUE SUFICIENTE

Bienes y riquezas hay en su casa, y su justicia permanece para siempre.

Este es un hombre que es próspero financieramente. Tiene más que suficiente y no tiene problemas con sus finanzas. Vive bajo la bendición del Señor. La Biblia dice en Proverbios 10:22: "La bendición de Jehová es la que enriquece, y no añade tristeza con ella". Cuando leemos el Salmo 112, nos proporciona una visión del carácter y el corazón de este hombre y nos ayuda a responder estas presuntas: ¿Por qué es este hombre bendecido? ¿Por qué sus hijos son bendecidos? ¿Por qué este hombre camina en tal nivel de bendición? ¿Es un hecho casual? ¿Es solo para algunas personas con suerte, pero no para otras? O, ¿hay algo en el corazón de esta persona que la hace prosperar?

VERSÍCULO 4: CLEMENTE, MISERICORDIOSO Y JUSTO

Resplandeció en las tinieblas luz a los rectos; es clemente, misericordioso y justo.

En su trato interpersonal, este hombre no se caracteriza por ser crítico, legalista, cruel, vengativo o amargado. En cambio, es clemente, bondadoso y afectuoso. (Aunque esté escrito en género masculino, aplica también para las mujeres). Continúa diciendo que no está lleno de amarguras. No muestra enojo ni odio.

Como hemos estudiado hasta ahora, sabemos que existen tres raíces o fortalezas principales en la personalidad de doble ánimo: el rechazo, la rebeldía y la amargura.

Cuando una persona sufre del rechazo a temprana edad, esta se vuelve rebelde. Con frecuencia, cuando un niño se vuelve muy rebelde, busca llamar la atención porque se siente rechazado. El ser rechazado es una de las situaciones más dolorosas que pueda sucederle. Puede decir que no le molesta, pero el rechazo siempre molesta. Todos queremos sentirnos aceptados; a nadie le gusta ser rechazado. El rechazo produce amargura, enojo, falta de perdón, represalia, resentimiento, odio, etc., los cuales le impiden que pueda ser una persona clemente, bondadosa y afectuosa.

Por lo tanto, vemos que la persona en este versículo no está amargada, enojada o resentida, sino que es clemente, llena de compasión, gentil y bondadosa. Usted no puede ser de este modo y al mismo tiempo ser una persona de doble ánimo. Tarde o temprano, su rechazo, ira, rebeldía y amargura saldrán a la luz.

Claramente, podemos ver que esta persona no sufre de doble ánimo. No sufre ni lucha contra estos grupos o patrones de demonios. Por el contrario, nos muestra cómo ser prósperos en nuestro interior, a fin de prosperar en el exterior.

VERSÍCULO 5: MISERICORDIOSO, PRESTA, Y ES JUSTO

> El hombre de bien tiene misericordia, y presta; gobierna sus asuntos con juicio.

El hombre del Salmo 112 tiene sabiduría y discreción. Es un dador; da a los pobres y desamparados. Usted encontrará una correlación entre el hombre del Salmo 112 y Job antes de que sufriera sus pérdidas, en Job 29. Las personas estables son generosas.

VERSÍCULO 6: INQUEBRANTABLE, INAMOVIBLE, JUSTO POR LA ETERNIDAD

> Por lo cual no resbalará jamás; en memoria eterna será el justo.

El hombre del Salmo 112 es firmemente justo. Siempre hace lo correcto. No da lugar a la indecisión. No hace algunas veces el bien y otras veces hace el mal. No le es trabajoso hacer el bien. No tiene que tomar una decisión entre hacer el bien o hacer el mal; ya ha decidido que hará el bien. Cuando se presenta alguna ocasión para hacer el mal, no se siente abrumado con la tentación, porque ya ha resuelto en su corazón hacer el bien.

La razón por la cual las personas luchan con la tentación, no pueden superar ciertas pruebas y siempre terminan haciendo lo malo es porque no han resuelto en sus corazones ni han tomado una decisión, para que cuando sobrevengan el bien y el mal, no haya otra opción. La persona estable, en cambio, ya sabe que elegirá hacer lo correcto. No tiene que detenerse para tratar de decidir qué camino tomar; sino que ya ha tomado la decisión de defender todo lo correcto y lo justo.

Como creyente estable, si ve algo que no le pertenece y algo le dice "róbelo", para usted no es una opción. Ya ha decidido que no es un ladrón y que hará lo correcto. Para lograr la victoria constante en esta área, no espere hasta el punto de la tentación para tomar una decisión; sino que previamente, decida hacer lo correcto. Ya está establecido y su corazón está asegurado (v. 8) de modo que todo lo que haga sea justo. Como el hombre del Salmo 112, su justicia permanece para siempre (v. 9).

La razón por la que predico sobre este aspecto tan fuertemente es porque veo muchísimas personas inestables. Hacen lo correcto por un tiempo, por un período y luego recaen. Como creyentes, debemos procurar tener un estilo de vida consecuente. Nuestra justicia debe permanecer para siempre. ¿Se extiende su justicia más allá de un período parcial? ¿O es usted una persona de doble ánimo?

El doble ánimo no es normal

A veces justificamos como normales las manifestaciones de doble ánimo. Creemos que ser inconsecuentes es natural, que todos somos así, y lo aceptamos. Sin embargo, actuar de una manera y luego hacer todo lo contrario no proviene de Dios. No es un comportamiento digno de confianza. Cuando usted es así —una montaña rusa de emociones, relaciones inconstantes, siempre en conflicto o confusión— su vida no prosperará. No encontrará gozo o paz en esas situaciones porque no provienen de Dios.

No podemos estar dispuestos a conformarnos con un carácter inconstante si queremos vivir de acuerdo con la Palabra de Dios. Al igual que el hombre del Salmo 112, nuestra justicia debe ser eterna. El modus operandi como creyentes debe comprender la constancia y la estabilidad.

¿Cuántas veces va a "ser salvo"?

¿Cuántas veces se va a acercar al Señor a pedir perdón? ¿Cuántas veces va a venir al altar? ¿Cuántas veces va a actuar como el hijo pródigo? ¿Cuántas veces va a estar en el chiquero? ¿Dónde está su actitud constante hacia Dios? No encontrará la felicidad con una vida así. Una vez que conoce a Dios y se aparta de su comunión, es difícil estar alejado de Dios. Cuando cae en pecado, se enfrentará a una vida de tormentos. No podrá hallar descanso o estar en paz porque su corazón ya ha conocido la comunión con Dios. ¿Qué clase de vida es esa? Vivir atormentado, controvertido, atemorizado... ¿Quién quiere vivir una vida sin poder tener gozo? Jesús no vino a morir en la cruz para que usted tenga una vida inconstante y llena de tribulaciones; sino que vino para que pueda tener una vida estable en el Señor.

El creyente del Salmo 112 es inquebrantable

Las personas de doble ánimo son fácilmente conmovidas. Las cosas las sacuden con facilidad. Asimismo, se deprimen y se desaniman. Tienen dificultades para manejar los problemas que surgen en su contra. Muchas veces, su único recurso es encerrarse y retraerse de todo y de todos, incluso por semanas. Esto no quiere decir que no haya veces cuando Dios le pide que se aparte de todo para orar y buscarle a Él.

Las personas de doble ánimo permiten que las dificultades de la vida las sacudan y confundan, hasta el punto de no poder levantarse. Terminan derrotados. Dejan de ir a la iglesia y de recibir o responder las llamadas y las visitas de los amigos y familiares preocupados. Las circunstancias los sobrepasan. Estas son las mismas personas que la semana anterior o el mes anterior proclamaban y declaraban la Palabra, daban gritos de júbilo, adoraban y estaban encendidos por Dios. ¿Qué sucedió? No tienen lo que solía llamarse "resistencia". Algo los golpea y son conmovidos, se deprimen, se desaniman y temporalmente se rinden.

Todos nos enfrentamos a la vida, pero este tipo de comportamiento no se condice con la personalidad del creyente del Salmo 112: un hombre estable. La Biblia dice que no resbalará, ¡jamás! Qué declaración poderosa. Este es un hombre inamovible e inquebrantable.

Ahora, entienda que esto no se trata de ser tan poderoso que nada le perturba. No existen los supersantos. No obstante, cuando a veces sienta que algo lo conmueve, lo perturba o lo hace dudar, quizás se encuentre preguntándose lo siguiente:

- ¿Dios en verdad me ama?
- ¿Soy realmente salvo?
- ¿Voy a lograrlo?
- ¿Tiene la Palabra poder para obrar?
- ¿Escuché realmente la voz de Dios?
- ¿Estoy en la iglesia correcta?

Si se da cuenta que se está haciendo tales preguntas, entonces algo lo ha conmovido. Esto no proviene de Dios. No son las características del creyente del Salmo 112. La Biblia dice: "Así que, hermanos míos amados, estad firmes y constantes, creciendo en la obra del Señor siempre, sabiendo que vuestro trabajo en el Señor no es en vano" (1 Corintios 15:58). Sea constante. Sea inquebrantable.

Ahora bien, también he experimentado fuertes desánimos en varios momentos a lo largo de mis treinta y pico de años como creyente. Hubo veces en las que no me quería levantar de la cama. Dormía todo el día y no quería afrontar otro día más. ¿Qué creyente no ha pasado por algo similar? Podemos creer que no es tan malo o tan pecaminoso si nos comparamos con otros. No estamos fumando, bebiendo alcohol, mintiendo, maldiciendo, fornicando... No obstante, piense en esto: que alguna circunstancia de la vida lo deje completamente derribado, no es la marca de una persona estable. Esta es una reacción del doble ánimo por algo que le haya pasado o algo que alguien le haya dicho o haya dicho sobre usted. Por momentos estamos bien; luego, sucede algo que nos desestabiliza. Esto se denomina doble ánimo.

Por supuesto que todos tenemos luchas, pero recuerde que el objetivo no es permanecer en la prueba; estar un día encendidos por Dios y al otro día sentirnos totalmente rendidos y desanimados, viviendo la vida como los impíos. Nuestra meta es tener un espíritu firme, inquebrantable, resuelto y establecido en Dios.

VERSÍCULOS 7-8: SIN TEMOR, FIRME Y ASEGURADO

> No tendrá temor de malas noticias; su corazón está firme, confiado en Jehová. Asegurado está su corazón; no temerá, hasta que vea en sus enemigos su deseo.

Una de las características principales de la personalidad de rechazo en la persona de doble ánimo es el temor. El creyente del Salmo 112 no es una persona temerosa. No podremos prosperar con temores en nuestras vidas. El temor nos inmoviliza y nos conduce a no hacer nada.

- Temor al rechazo
- Temor a las personas
- Temor a la confrontación
- Temor a Dios
- Temor a perder la salvación
- Temor a la brujería
- Temor a quedarse solo
- Temor a ser violado
- Temor a contraer matrimonio
- Temor a quedar en bancarrota
- Temor a no tener lo suficiente
- Temor a no unirse a una iglesia
- Temor al pastor
- Temor a ser herido
- Temor a Jezabel
- Temor al fracaso
- Temor a ir al infierno
- Temor a los demonios
- Temor a los animales
- Temor a los truenos y relámpagos
- Temor a ser robado
- Temor a no contraer matrimonio
- Temor a unirse a una iglesia
- Temor a morir de hambre
- Temor a dejar la iglesia
- Temor a los líderes
- Temor a la autoridad

Existen tantas clases de temores a los que estamos atados, y todos forman parte de la personalidad de rechazo. No es la voluntad de Dios que seamos personas temerosas. Cuando tiene miedo, se retrae, se oculta y corre porque no quiere ser herido o que se aprovechen de usted. Al igual que una tortuga, se esconde en el caparazón. Como un avestruz que entierra su cabeza en la arena. Pone un escudo y levanta defensas. No desea que nadie se le acerque. Se mantiene cerrado y construye muros. Se aísla porque no puede confiar en nadie.

La prosperidad, en cambio, consiste en tener buenas relaciones y no estar solo o aislado. La Biblia dice que el creyente del Salmo 112 no teme, porque su corazón está asegurado, confiado en el Señor; no es dubitativo, indeciso, ni lucha con la incredulidad. Confía en Dios y su corazón está establecido en Él.

Esta es la clave para tener una mente estable. Si regresamos a Santiago 1:5-7, dice: "Y si alguno de vosotros tiene falta de sabiduría, pídala a Dios, el cual da a todos abundantemente y sin reproche, y le será dada. Pero pida con fe, no dudando nada; porque el que duda es semejante a la onda del mar, que es arrastrada por el viento y echada de una parte a otra. No piense, pues, quien tal haga, que recibirá cosa alguna del Señor". En otras palabras, una persona indecisa, de doble ánimo es aquella que confía en Dios algunas veces y duda otras veces, a causa de que su corazón no está establecido. Esto vuelve a ser una cuestión del corazón.

El corazón del creyente del Salmo 112 está firme. Confía en Dios y sabe que Él es su protector, libertador, sanador y todo lo que necesita. No tiene que preocuparse sobre lo que ha de venir en su contra. "Si Dios es por nosotros, ¿quién contra nosotros?" (Vea Romanos 8:31). Este creyente está establecido y confiado, no en sí mismo pero en el Señor. Esta es la manera en la que todos deberíamos querer vivir. Nuestra vida no debería ser arrastrada por el viento y echada de una parte a otra.

Un corazón establecido está firme, y como mencioné previamente, la decisión de hacer lo correcto ya ha sido tomada con anterioridad y no se puede cambiar o modificar. La palabra *establecido* evoca los cimientos de una casa, los cuales se fijan con profundidad en el suelo. Cuando sobrevienen los vientos y las lluvias, la casa no se moverá ni se sacudirá, porque ha sido establecida.

No podrá tener un caminar próspero con Dios sin estar establecido y firme. Cuando le realizan un examen médico del corazón, los técnicos y los doctores buscan un ritmo constante de los latidos cardíacos. Cualquier tipo de irregularidad es motivo de preocupación. Podría significar que deba ser sometido a varias intervenciones médicas de emergencia.

Del mismo modo, Dios busca un latido cardíaco constante para Él; gozo y paz estables, justicia y santidad estables, bondad estable, compasión estable, misericordia estable, fidelidad y lealtad estables, amor estable, consecuente en sus dádivas, adoración, asistencia, comunión…mes tras mes y año tras año.

¿Se siente usted identificado? De no ser así, necesita liberación. La sanidad y liberación del Señor le traerá estabilidad a su vida. No podrá prosperar sin abordar esta área. Estabilidad, firmeza y resolución son el centro y el fundamento de una vida cristiana próspera. No podrá construir nada duradero sin reforzar esta área. La Biblia nos enseña que la persona de doble ánimo es inconstante en todos sus caminos. Esto quiere decir que no prosperará en nada a largo plazo sin primeramente tener un corazón estable y firme.

VERSÍCULO 9: GENEROSO

Reparte, da a los pobres; su justicia permanece para siempre; su poder será exaltado en gloria.

Dios desea que seamos consecuentes en nuestras dádivas. Aún los creyentes atraviesan períodos de dificultades económicas.

Pueden perder sus empleos o enfrentar algún otro tipo de obstáculo financiero. Estos son momentos en los cuales dar es un desafío, y quizás uno dé menos de lo que normalmente acostumbra. Esto no es el tipo de inconstancia a la que me refiero; sino a la clase de dádiva que es forzada, emocional y que se decide a último momento. Esta sucede de vez en cuando y no fluye de un corazón firme y establecido.

Pero el hombre estable es consecuente en sus dádivas. Es un dador frecuente y esto constituye una parte de su carácter honrado. Es un principio establecido en su corazón y lo hace con firmeza. Apoya constantemente la obra de Dios. Nunca abandona el hábito de dar; esto es característico de una persona recta.

Algunas personas se ofenden o son heridas en la iglesia, entonces dejan de dar. No les gusta el mensaje que predica el pastor, entonces dejan de dar. Hay personas que caen en pecado y dejan de dar. No obstante, este no es el comportamiento de una persona estable y consecuente. Dicha persona no permite que los cambios de la vida le impidan hacer lo que ya ha establecido en su corazón.

Algunos dejan de dar porque están desanimados con sus finanzas. Sienten que Dios no responde sus oraciones de prosperidad en sus economías, porque nada cambia. Cuestionan si la bendición de Dios está sobre sus vidas. Se preguntan por qué siempre tienen dificultades financieras. Cuándo logran obtener algún tipo de excedente, siempre algo sucede y todos los ahorros se destinan a reparaciones o a subsanar cierta situación. El auto se descompone. El techo se derrumba. Sobreviene una enfermedad inesperada. Sin embargo, estas son las razones por las cuales se nos aconseja ahorrar dinero.

Una vez le presté el carro a mi hijo, y de alguna forma se averió. Lo llevamos al mecánico y nos dijeron que el motor estaba inservible. Teníamos la opción de conseguir un motor nuevo o instalar uno restaurado. El costo era de US$ 5000. Podría haber culpado al diablo, pero la realidad es que esto puede suceder cuando un automóvil no recibe un mantenimiento con frecuencia y el aceite no se cambia regularmente. No entré en una gran depresión a raíz de este hecho, ni me enfadé con Dios. Conseguí el dinero e hice reparar el carro.

La realidad es que las cosas que el hombre construye se pueden romper. Dios no fabricó el carro. Estas cosas suceden en la vida. El diablo no está detrás de todo. A veces el refrigerador se descompone debido a que tiene muchos años de uso y es hora de comprar uno nuevo. Las cosas se rompen. No es necesario conseguir aceite ungido y comenzar a reprender al diablo. No obstante, si esto sucediera constantemente, entonces usted podría llegar a tener un problema espiritual.

Sin embargo, tales cosas provocan que algunas personas quieran dejar de dar. Se desaniman. Luego les resulta más difícil dar cuando lo hacen para alguien desagradecido o que los tratan de forma descortés; pero las dádivas de los creyentes estables y firmes no se basan en la manera en que responden las personas. Hacen lo que Dios les mandó a hacer y dan lo que Dios les dijo que dieran, porque no buscan la bendición de los hombres, sino la bendición de Dios. Jesús sanó a diez leprosos, y solo uno regresó a dar gracias. Jesús no se enfadó y les quitó la sanidad a los que no mostraron gratitud.

No damos para ser elogiados por las personas. Cuando damos, lo hacemos por obediencia a Dios. No damos para que alguien nos trate bien, o para que les caigamos mejor. Quizás nunca le agradezcan, pero lo que hizo para bendecirlos es entre usted y Dios. De igual modo, cómo o si muestras gratitud es entre ellos y Dios.

Uno no da generosamente para poner a alguien en deuda con usted. No estamos aquí para controlar a las personas. Cuando dé algo a alguien, suéltelo. Deje que la persona siga con su vida y deje entre ellos y Dios la manera en la que vivan a partir de allí; sea con gratitud o no. También debe ser cauteloso cuando acepta cosas de parte de otras personas. Algunas personas regalan cosas para tener el control y dominar a otros.

Independientemente de la manera en la que otras personas nos traten, sus acciones no deberían determinar nuestro hábito de dar de la forma en que Dios nos mandó. Nuestros corazones deben estar firmes. Una persona con un corazón firme es un dador. Siempre será un dador, un dador alegre, y ninguna circunstancia podrá cambiar eso. Sabe que cuando da le será dado, medida buena, apretada, remecida y rebosando darán en su regazo. (Vea Lucas 6:38).

¡Mayor bendición es dar que recibir! Debe establecer su corazón en esta área, del mismo modo que debe establecer en su corazón que no se va a convertir en un fornicador. No se trata de una decisión que hace en el momento cuando enfrenta una tentación; sino que ya se encuentra establecido en su corazón mucho antes de que la tentación se cruce en su camino. Este debe ser su patrón cuando se trata de dar y de servir a Dios en general.

EL CREYENTE DEL SALMO 112
ES UNA PERSONA DECIDIDA

Hay bendición en ser una persona decidida. Ser decidido significa tener un propósito o meta primordial, ser firme; resuelto, tener un solo objetivo o propósito; totalmente entregado, ser firme en sus creencias y convicciones; se caracteriza por su firmeza y determinación.[1] El término griego *haplous* significa "simple... único, que cumple sus funciones, sensato, ojo sano (utilizado en Mateo 6:22).[2] Una personalidad decidida es aquella que es íntegra y sensata; es íntegra y no dividida. Está entregada a Dios y a su Palabra de manera exclusiva. La persona decidida tiene un corazón sencillo. Es una persona sin reservas, comprometida, firme, fiel. Estas son las características o las marcas de un creyente estable.

> Y perseverando unánimes cada día en el templo, y partiendo el pan en las casas, comían juntos con alegría y sencillez de corazón.
>
> —HECHOS 2:46

> Siervos, obedeced a vuestros amos terrenales con temor y temblor, con sencillez de vuestro corazón, como a Cristo.
>
> —EFESIOS 6:5

> Siervos, obedeced en todo a vuestros amos terrenales, no sirviendo al ojo, como los que quieren agradar a los hombres, sino con corazón sincero, temiendo a Dios.
>
> —COLOSENSES 3:22

Esto es lo opuesto al doble ánimo, que por lo general resulta en caer en pecado. En otras palabras, tener una mente sincera constituye la clave para una relación con Dios.

La Biblia dice: "Considera al íntegro, y mira al justo" (Salmos 37:37). Este versículo nos dice que identifiquemos al hombre íntegro, al hombre maduro y justo. Dios nos dice que lo consideremos, que le pongamos una marca; porque el final de dicho hombre es la paz (shalom), prosperidad, salud, riquezas y favor. Este es el final del hombre perfecto. Cuando digo perfecto, no me refiero a un hombre que nunca se equivoca, sino a un hombre íntegro y maduro; una persona estable, firme y consecuente.

Si puede identificar a cinco personas en su vida que sean íntegras, consecuentes y estables, sería un milagro. ¿Puede identificar a cinco personas de las cuales pueda decir que son completamente maduras, consecuentes, justas, piadosas, constantes, inamovibles, dependientes, santas, que amen a Dios consistentemente, bondadosas y clementes? Si puede encontrar a cinco, sería un gran logro.

Muchas personas *quieren* la bendición del Salmo 112. Quieren las riquezas y la prosperidad; pero no están dispuestas a hacer lo necesario para que sus corazones sean purificados, a fin de que primeramente puedan ser prósperas en su interior. Este debería ser el objetivo de cada uno de nosotros. Es mi objetivo. La oración de mi corazón es: "Señor, ¿estoy alineado con el hombre del Salmo 112?". No puedo decir que lo estoy consistentemente, pero estoy más cerca que hace algunos años. Continúo en crecimiento. Mi meta es ser consecuente y estable; ser clemente, bondadoso y afectuoso; tener un corazón que no esté corrompido por los demonios; un corazón sin enojo, amargura, lujuria o celos; que no esté lleno de rechazo y heridas, egoísmo, obstinación, orgullo, acusación y temor. No quiero nada de todo esto dentro de mí.

Dios quiere un pueblo consecuente y estable. Reconozca que no puede lograrlo en sus propias fuerzas, sino que es por medio de la gracia de Dios y a través de la liberación. Dios lo "estabiliza" y lo llena con su Santo Espíritu. No obstante, cuando Él le muestre alguna inconsistencia en su vida, deberá resolverla y no ignorarla.

Rehúsese a ser una persona de doble ánimo. No permita que el espíritu de doble ánimo entre en su vida. Usted tiene acceso al poder, gracia y liberación provenientes de Dios. Ejercite su fe. Puede obtener la vida abundante del Salmo 112. Independientemente de las circunstancias que pueda afrontar en la vida, puede obtener la victoria y convertirse en un creyente estable, inquebrantable y establecido por medio de Cristo.

DECLARACIONES DEL SALMO 112

Padre, te bendigo. Te agradezco por la prosperidad. Creo en la prosperidad en mi alma y en mi vida.

Señor, te pido que prosperes mi interior a fin de que pueda tener una vida próspera en el exterior. Gracias por darme un nuevo corazón.

Señor, deseo tener un corazón firme, establecido y que sea estable e inalterable.

Señor, perdóname por todo comportamiento de doble ánimo, toda inconstancia y confusión que he permitido en mi vida.

Señor, ruego para que puedas sanarme, liberarme, restaurarme y hacerme una nueva criatura.

Ato todo espíritu de doble ánimo. Me libero de todo rechazo, toda rebeldía, toda amargura, y de todo espíritu que esté conectado con el doble ánimo; toda lujuria; todo temor, toda depresión, todo desánimo, todo sentimiento de inferioridad, todo orgullo, toda obstinación, todo espíritu de control y paranoia, en el nombre de Jesús.

Me desato de toda personalidad falsa, todo espíritu de doble ánimo, en el nombre de Jesús. No quiero esto para mi vida. Me desato en el nombre de Jesús.

Gracias, Señor, por liberarme y hacerme libre. Recibo la sanidad, restauración y plenitud en mi corazón, mente y alma.

Gracias, Señor, por unir mi corazón. No tendré un corazón dividido, sino que tendré un corazón sincero que te temerá todos los días de mi vida. Gracias, Señor.

Que las bendiciones del Salmo 112 estén sobre mi vida, y las riquezas en mi casa. Gracias, Señor. Lo recibo y lo creo, en el nombre de Jesús.

Ahora, oremos juntos:

Padre celestial:

Gracias por la estabilidad en mi vida. Seré una persona estable y no inconstante. Mi corazón está firme y establecido. No tendré una mente dividida, ni caminaré en el doble ánimo ni en inestabilidad. No dudaré. Seré consecuente en mis dádivas y en mi forma de vivir.

Gracias, Señor, por darme la gracia y el poder para ser una persona piadosa, consecuente y justa. Señor, hoy te pido que establezcas en mi vida todo lo que necesite ser establecido. Restaura en mi vida todo lo que necesite ser restaurado.

Gracias, Señor, por tu gracia sobre mi vida. Recibo de tus riquezas, prosperidad y tu bendición en mis finanzas. Señor, gracias por el Salmo 112. Lo recibo y lo creo. Permite que se cumpla en mi vida, en el nombre de Jesús. Amén.

AUTOEVALUACIÓN SOBRE LIBERACIÓN

Por cuanto todos pecaron, y están destituidos de la gloria de Dios.

—ROMANOS 3:23, ÉNFASIS AÑADIDO

TODOS NECESITAMOS DE la liberación en algún momento de nuestras vidas. No hay excepciones. En la medida que crecemos en el Señor y en nuestro discernimiento, comenzamos a entender cuándo necesitamos victoria espiritual en ciertas áreas de nuestras vidas. Muchas veces, como creyentes podemos percibir obstáculos en nuestras vidas que impedirán que tengamos una vida plena en el Espíritu. La liberación es un proceso continuo en la vida de un creyente. Es un don de Dios para nosotros a fin de guardarnos de vivir atormentados por el enemigo y de vivir en nuestros propios ciclos de ataduras.

En el libro *Cerdos en la sala,* Frank e Ida Hammond nombran siete áreas en nuestras vidas que pueden mostrar signos de que necesitamos liberación:[1]

1. Problemas emocionales	5. Adicciones
2. Problemas mentales	6. Padecimientos físicos
3. Problemas de lenguaje	7. Error religioso
4. Problemas sexuales	

Cuando estos problemas comienzan a salir a la superficie en nuestras vidas, nos sentimos como si no estuviéramos teniendo éxito. Podemos sentirnos deprimidos, rechazados, apartados de Dios, etc. Esto es lo que el enemigo quiere; pero contamos con la ayuda del Espíritu Santo, quien puede revelarnos las áreas de nuestras vidas que necesitan liberación. Asimismo, fuimos instruidos a usar nuestra autoridad en contra del enemigo y echarlo fuera, a fin de poner fin a su gobierno sobre nuestras vidas.

A continuación se encuentra una lista que puede utilizar para evaluarse a sí mismo y su condición espiritual a fin de saber si necesita liberación en algún área de su vida.

Puede necesitar liberación si...

1. Fue concebido en adulterio o fornicación. Esto puede abrir la puerta al espíritu de lujuria.

2. Sus padres contemplaron un aborto. Esto puede abrir la puerta a espíritus de rechazo, muerte y temor.

3. Fue dado en adopción. Esto puede abrir la puerta a espíritus de rechazo, abandono y temor al abandono.

4. Fue abandonado por uno o ambos padres. Esto puede abrir la puerta a espíritus de abandono o temor al abandono.

5. Fue huérfano. Esto puede abrir la puerta a espíritus de rechazo y abandono.

6. Fue abusado de niño. Esto puede abrir la puerta a espíritus de rechazo, temor y dolor.

7. Fue violado o abusado sexualmente. Esto puede abrir la puerta a espíritus de lujuria, vergüenza y dolor.

8. Su madre tuvo un embarazo complicado. Esto puede abrir la puerta a espíritus de temor que entran a través del trauma.

9. Su madre tuvo un parto largo y difícil. Esto puede abrir la puerta a espíritus de temor que entran a través del trauma.

10. Estuvo cerca de la muerte durante sus primeros años de vida. Esto puede abrir la puerta a espíritus de muerte y muerte prematura.

11. Tuvo amigos imaginarios. Esto puede abrir la puerta a espíritus de rechazo y soledad.

12. Ha padecido una enfermedad crónica toda su vida. Esto puede abrir la puerta a espíritus de enfermedad y muerte.

13. Ha sufrido alguna discapacidad desde su niñez. Esto puede abrir la puerta a espíritus de rechazo, vergüenza y temor.

14. Ha sido expuesto a pornografía desde una edad temprana de su vida. Esto puede abrir la puerta a espíritus de lujuria y perversión.

15. Ha presenciado algún hecho traumático tales como un asesinato o un accidente fatal. Esto puede abrir la puerta a espíritus de temor y muerte.

16. Ha crecido en una zona de guerra. Esto puede abrir la puerta a espíritus de temor y muerte.

17. Ha sido ridiculizado toda su vida. Esto puede abrir la puerta a espíritus de rechazo, temor al rechazo y autorechazo.

18. Se ha escapado de su hogar a una edad temprana. Esto puede abrir la puerta a espíritus de rechazo y rebeldía.

19. Ha padecido de depresión crónica. Esto puede abrir la puerta a espíritus de depresión, rechazo, tristeza y soledad.

20. Le diagnosticaron síndrome maníaco depresivo o esquizofrenia. Esto puede abrir la puerta a espíritus de rechazo, rebeldía y a una raíz de amargura.

21. Ha tenido problemas de aprendizaje. Esto puede abrir la puerta a espíritus de rechazo y temor.

22. Ha estado en prisión. Esto puede abrir la puerta a espíritus de rechazo, vergüenza y depresión.

23. Su/s padre/s fueron alcohólicos. Esto puede abrir la puerta a espíritus de rechazo y vergüenza.

24. Sus padres atravesaron por un divorcio o separación. Esto puede abrir la puerta a espíritus de rechazo y vergüenza.

25. Sus padres discutían y peleaban en el hogar. Esto puede abrir la puerta a espíritus de confusión y temor.

26. Se encuentra enojado o en amargura con sus padres, hermanos o hermanas. Esto puede abrir la puerta a espíritus de ira y amargura.

27. Fue expuesto a las drogas a una edad temprana. Esto puede abrir la puerta a espíritus de rebeldía y hechicería.

28. Es homosexual o lesbiana, o le fue presentado estos estilos de vida. Esto puede abrir la puerta a espíritus de lujuria y perversión.

29. Tiene antecedentes de perversión sexual. Esto puede abrir la puerta a espíritus de lujuria y perversión.

30. Ha sido propenso a los accidentes toda su vida. Esto es una señal de una maldición.

31. Tiene un historial de pobreza en su vida o en la de su familia. Esto puede ser una manifestación de los espíritus de pobreza y vergüenza.

32. Ha entrado en un estilo de vida de engaño y robo. Esto puede ser una manifestación de los espíritus de mentira y engaño.

33. Es o ha sido un jugador o despilfarrador crónico. Esto puede ser una manifestación de los espíritus de lujuria y adicción.

34. Es adicto al alcohol, drogas, nicotina o a la comida. Esto puede ser una manifestación de los espíritus de adicción o glotonería.

35. Tiene miedo de estar solo. Esto puede ser una manifestación de los espíritus de temor.

36. Tiene miedo de dejar la casa. Esto puede ser una manifestación de los espíritus de temor.

37. Se siente extremadamente incómodo alrededor de otras personas. Esto puede ser una manifestación de los espíritus de rechazo y temor.

38. Es fuertemente celoso de otros. Esto puede ser una manifestación de los espíritus de celos y esquizofrenia.

39. Odia a ciertos grupos de personas (es decir, judíos, negros, blancos, hispanos, entre otros). Esto puede ser una manifestación de los espíritus de odio e intolerancia.

40. Alguna vez participó del ocultismo. Esto puede abrir la puerta a espíritus de hechicería y ocultismo.

41. Tiene antecedentes de masonería en su familia. Esto puede abrir la puerta a espíritus de hechicería y ocultismo.

42. Ha asistido a una sesión de espiritismo. Esto puede abrir la puerta a espíritus de hechicería, brujería, adivinación y ocultismo.

43. Se siente atraído o ha ido a adivinadores, consejeros espirituales y videntes. Esto puede abrir la puerta a espíritus de adivinación y hechicería.

44. Ha participado en las artes marciales. Esto puede abrir la puerta a espíritus de control mental, hechicería y ocultismo.

45. Ha participado en yoga o en la meditación transcendental. Esto puede abrir la puerta a espíritus de control mental y ocultismo.

46. Se ha involucrado en una religión falsa. Esto puede abrir la puerta a espíritus de religión, confusión y decepción.

47. Participó de un aborto. Esto puede abrir la puerta a espíritus de muerte y culpa.

48. Ha atravesado por un divorcio, separación o una mala relación. Esto puede abrir la puerta a espíritus de dolor, control o rechazo.

49. Ha sido controlado por sus padres o por alguna otra persona o grupo de personas. Esto puede abrir la puerta a espíritus de control mental, temor y control.

50. Tiene dolores de cabeza crónicos o confusión mental. Esto puede ser una manifestación de los espíritus de control mental y confusión.

51. Se le dificulta leer la Biblia y orar. Esto puede ser una manifestación de Leviatán (espíritu de orgullo).

52. Se le dificulta asistir a la iglesia. Esto puede ser una manifestación de Leviatán (espíritu de orgullo).

53. Se le dificulta adorar o alabar a Dios. Esto puede ser una manifestación de Leviatán (espíritu de orgullo).

54. Odia que las personas lo toquen. Esto puede ser una manifestación de los espíritus de temor de dar y de recibir amor.

55. Tiene miedo de confiar en las personas o acercarse a ellas. Esto puede ser una manifestación de los espíritus de rechazo y desconfianza.

56. Es un mentiroso crónico. Esto puede ser una manifestación de los espíritus de mentira y decepción.

57. Es un soñador despierto crónico. Esto puede ser una manifestación de los espíritus de rechazo y fantasía.

58. Es atormentado por pesadillas. Esto puede ser una manifestación de los espíritus de temor y tormentos.

59. Enfrenta un problema con la masturbación. Esto puede ser una manifestación de los espíritus de lujuria, masturbación y perversión.

60. Se viste de forma provocativa o seductora. Esto puede ser una manifestación de los espíritus de lujuria y prostitución.

61. Usa joyas o maquillaje en exceso. Esto puede ser una manifestación de los espíritus de rechazo y autorechazo.

62. Se ha tatuado o tiene múltiples perforaciones. Esto puede ser una manifestación de los espíritus de rechazo y rebeldía.

63. Chismea, calumnia y murmura constantemente. Esto puede ser una manifestación de los espíritus de celos y rebeldía.

64. Ha intentado suicidarse o ha pensado en matarse. Esto puede ser una manifestación de los espíritus de rechazo, autorechazo, suicidio y rebeldía.

65. Busca atención de forma constante. Esto puede ser una manifestación del espíritu de rechazo.

66. Constantemente recae y deja la iglesia. Esto puede ser una manifestación del espíritu de doble ánimo.

67. Va de iglesia en iglesia. Esto puede ser una manifestación del espíritu de doble ánimo.

68. Tiene problemas para dejar ir el pasado. Esto puede ser una manifestación de la falta de perdón y la amargura.

69. Es paranoico y cree que la gente quiere atraparlo. Esto puede ser una manifestación de los espíritus de temor, desconfianza y paranoia.

70. Es o ha sido miembro de una iglesia legalista. Esto puede abrir la puerta a espíritus de religión, control mental y hechicería.

71. Tuvo un pastor controlador o viene de una iglesia o denominación controladora. Esto abre la puerta a espíritus de hechicería, religión y control.

72. Todavía está llorando la muerte de un ser querido aunque han pasado años. Esto puede abrir la puerta a un espíritu de luto.

73. Constantemente escucha voces. Esto puede ser una manifestación de esquizofrenia y paranoia.

74. Se le dificulta mantener un empleo, encontrar empleo o pagar sus cuentas. Esto puede ser una manifestación de los espíritus de pobreza y vagabundeo.

75. Siempre se aprovechan de usted, lo maltratan o es tratado de manera inapropiada por otras personas. Esto puede abrir la puerta a espíritus de rechazo y abuso.

76. Ha tenido abortos espontáneos o es estéril. Esto puede abrir la puerta a espíritus de enfermedad o esterilidad.

77. Es asmático o padece de sinusitis o epilepsia. Esto puede abrir la puerta a espíritus de enfermedad.

78. Tiene habilidades psíquicas, puede leer las mentes de las personas o sabe cosas que no provienen del Señor. Esto puede ser una manifestación de los espíritus de adivinación y ocultismo.

79. Fue consagrado al diablo a una edad temprana. Esto puede abrir la puerta a espíritus de hechicería y muerte.

80. Ha sido rebelde o desobediente toda su vida. Esto puede ser una manifestación de los espíritus de rechazo, rebeldía y/o doble ánimo.

81. Culpa a otras personas por todos sus problemas. Esto puede ser una manifestación del espíritu de acusación.

82. No logra descansar o sufre de insomnio. Esto puede ser una manifestación de los espíritus de insomnio, inquietud y tormento.

83. Es perfeccionista y se enoja cuando las cosas no están perfectas. Esto puede ser una manifestación de los espíritus de rechazo, perfeccionismo, orgullo y doble ánimo.

84. Usted es perezoso, flojo, descuidado y desorganizado. Esto puede ser una manifestación de los espíritus de rechazo y doble ánimo.

85. Odia bañarse y mantenerse limpio. Esto puede ser una manifestación de los espíritus impuros.

86. Es adicto a hacer ejercicio y adelgazar. Esto puede ser una manifestación de los espíritus de rechazo y autorechazo.

87. Usted está obsesionado con su apariencia física. Esto puede ser una manifestación de los espíritus de rechazo, vanidad y autorechazo.

88. Se siente feo y poco atractivo. Esto puede ser una manifestación de los espíritus de rechazo y autorechazo.

89. Usted es adicto al trabajo y trabaja hasta el agotamiento. Esto puede ser una manifestación de los espíritus de rechazo y doble ánimo.

90. Usted es demasiado religioso. Esto puede ser una manifestación de los espíritus religiosos y legalismo.

91. Le resulta difícil creer que Dios lo ama. Esto puede ser una manifestación de los espíritus de rechazo, autorechazo, duda e incredulidad.

92. Tiene miedo de perder la salvación e irse al infierno. Esto puede ser una manifestación de los espíritus de duda, temor, religión y legalismo.

93. Está obsesionado con la muerte y con morirse. Esto puede ser una manifestación de los espíritus de muerte y temor.

94. Usted es un vagabundo o un errante. Esto puede ser una manifestación de los espíritus de rechazo y pobreza.

95. Le resulta difícil someterse a la autoridad. Esto puede ser una manifestación de los espíritus de rechazo y rebeldía.

96. Usted es inabordable y hostil hacia la gente. Esto puede ser una manifestación de los espíritus de ira, odio, rechazo y rebeldía.

97. Se siente atraído a las pistolas y las armas o mantenerlas en su posesión. Esto puede ser una manifestación de los espíritus de rechazo, rebeldía y doble ánimo.

98. Tiene miedo a los demonios, la liberación y el tema de liberación. Esto puede ser una manifestación del espíritu de temor.

99. Se queda dormido en los servicios y no puede prestar atención. Esto puede ser una manifestación de Leviatán (espíritu de orgullo).

100. Tiene una obsesión por los símbolos religiosos, vestimenta, íconos, estatuas, etc. Esto puede ser una manifestación de espíritus religiosos.

101. Tiene una obsesión por las películas de terror y lo macabro. Esto puede ser una manifestación de los espíritus de rechazo, rebeldía y doble ánimo.

102. Tiene un afecto excesivo por los animales y mascotas. Esto puede ser una manifestación del espíritu de doble ánimo.

103. Desea beber sangre o sacrificar animales. Esto puede ser una manifestación de los espíritus de hechicería, ocultismo y rebeldía.

104. Alguna vez asesinó a alguien o tiene deseos de matar a alguien. Esto puede ser una manifestación de los espíritus de asesinato o muerte.

105. Ha hecho juramentos o promesas de lealtad a dioses falsos, a Satanás, lo oculto, organizaciones o pandillas. Esto puede ser una manifestación de los espíritus de ocultismo.

106. Entran a su mente pensamientos blasfemos de continuo, maldiciones a Dios, etc. Esto puede ser una manifestación de blasfemia.

107. Tiene miedo a la policía o a la autoridad. Esto puede ser una manifestación de los espíritus de temor y temor a la autoridad.

108. Usted es solitario y no tiene ningún amigo. Esto puede ser una manifestación de los espíritus de rechazo y soledad.

109. Tiene deseos de desnudarse y exponer su cuerpo. Esto puede ser una señal de estar endemoniado.

110. Odia a los niños o a los bebés. Esto puede ser una manifestación de los espíritus de odio y rechazo.

A veces las personas prefieren evitar la liberación; se sienten incómodas cuando uno habla sobre los demonios y quieren estar solas. Algunos darán toda clase de excusas cuando llega el momento de orar para evitar la oración de liberación. Hay quienes hablan sobre sus problemas, pero se resisten cuando hay que orar.

Quienes pueden necesitar liberación, a menudo se retraen y se aíslan. El enemigo intentará mantenerlos aislados al alejarlos de los santos, de la comunión, de la oración y de las reuniones de liberación. Los espíritus de retraimiento y escapismo son buenos para esto y deben ser atados, a fin de que la persona pueda ser liberada. A veces sentimos que hemos madurado en el Señor hasta el punto de no necesitar del ministerio de liberación.

Cuando las personas no quieren que se las "moleste" ni se ore por ellas y prefieren "estar solas", puede constituir una estrategia del enemigo para aislarlas a fin de mantenerlas alejadas de la liberación. No obstante, no deberíamos responder de tal modo. Debemos ser humildes como niños y recordar que vamos de gloria en gloria y de fe en fe. Puede ser que cuando subimos a niveles más altos en Dios, se nos revelen nuevas cosas, y sean necesarios nuevos niveles de liberación.

OTRAS ESTRATEGIAS PARA ECHAR FUERA LA RAÍZ DE AMARGURA

*Es verdad que ninguna disciplina al presente parece ser causa
de gozo, sino de tristeza; pero después da fruto apacible
de justicia a los que en ella han sido ejercitados.
Por lo cual, levantad las manos caídas y las rodillas paralizadas;
y haced sendas derechas para vuestros pies, para que lo
cojo no se salga del camino, sino que sea sanado.
Seguid la paz con todos, y la santidad, sin la cual nadie verá al Señor.
Mirad bien, no sea que alguno deje de alcanzar la gracia de Dios; que brotando
alguna raíz de amargura, os estorbe, y por ella muchos sean contaminados;*

—HEBREOS 12:11–15, ÉNFASIS AÑADIDO

NOTE QUE EN Hebreos 12:5-6, el autor comienza hablando sobre la disciplina del Señor antes de mencionar la raíz de amargura: "Y habéis ya olvidado la exhortación que como a hijos se os dirige, diciendo: Hijo mío, no menosprecies la disciplina del Señor, Ni desmayes cuando eres reprendido por él; Porque el Señor al que ama, disciplina, Y azota a todo el que recibe por hijo".

Dios disciplinará el corazón de cada creyente verdadero tentado con falta de perdón y amargura para que pueda perdonar, a fin de que después pueda dar "fruto apacible de justicia" (v. 11). Una persona tiene que perdonar para quebrar el poder de la amargura.

Cuando uno rechaza la disciplina del Señor, brota la raíz de amargura, que nos estorba y contamina a muchos (v. 15). Claramente se nos muestra el remedio en Hebreos 12:11-13. Debemos estar abiertos para ser ejercitados por la disciplina del Señor.

A continuación encontrará otras herramientas espirituales que nos ayudarán a ver a otros o a nosotros mismos ser librados de la amargura.

La sangre de Jesús

Sabiendo que fuisteis rescatados de vuestra vana manera de vivir, la cual recibisteis de vuestros padres, no con cosas corruptibles, como oro o plata, sino con la sangre preciosa de Cristo, como de un cordero sin mancha y sin contaminación.

—1 PEDRO 1:18–19

La sangre de Jesús es un testigo verdadero que libra las almas (Pr. 14:25; 1 Juan 5:8). Los demonios odian la sangre de Jesús porque testifica y da testimonio de la verdad de nuestra redención. Satanás es un testigo falso que habla mentiras (Pr. 14:5, 25). La sangre de Jesús tiene voz y habla misericordia (Hebreos 12:24). La sangre de Jesús les recuerda a los demonios que nuestros cuerpos son de Dios (1 Corintios 6:20). Los demonios odian esto porque consideran el cuerpo de una persona como su habitación; pero no tienen derecho legítimo para permanecer en un cuerpo santificado por medio de la sangre de Jesús. Hemos vencido a Satanás por medio de la sangre del Cordero y de la palabra de nuestro testimonio (Apocalipsis 12:11).

La comunión

La copa de bendición que bendecimos, ¿no es la comunión de la sangre de Cristo? El pan que partimos, ¿no es la comunión del cuerpo de Cristo?
—1 CORINTIOS 10:16

La comunión es la copa de bendición, la comunión del Cuerpo y de la sangre de Cristo. Algunos espíritus son ahuyentados después de que una persona recibe oración y luego "bebe de la sangre de Cristo" (espiritualmente hablando). Esto quebranta su poder y ha demostrado ser poderosa para destruir las fortalezas del enemigo.

Quebrante el espíritu de esclavitud

Pues no habéis recibido el espíritu de esclavitud para estar otra vez en temor, sino que habéis recibido el espíritu de adopción, por el cual clamamos: ¡Abba, Padre!

—ROMANOS 8:15

Esclavitud significa cautiverio. El espíritu de esclavitud provoca legalismo, el cual promueve la salvación por obras en lugar de por gracia; comprende la esclavitud a las normas, las regulaciones y las tradiciones de los hombres. El espíritu de esclavitud provoca temor de recaer y temor de perder la salvación.

- Esclavo del hombre: El temor del hombre trae esclavitud (Pr. 29:25). "Porque el que es vencido por alguno es hecho esclavo del que lo venció" (2 Pedro 2:19). Ya sea esclavitud a falsos obreros, profetas o apóstoles (2 Corintios 11:13), los lazos del alma deben ser quebrantados y los espíritus echados fuera (control mental, temor, decepción, hechicería).
- Esclavo de organizaciones, logias, sectas, etc.: Este tipo de esclavitud tiene lugar a través de juramentos, promesas y votos a organizaciones o logias, tales como los masones, la orden de la Estrella del Oriente, fraternidades, hermandades, sectas y clubes. Los juramentos atan el alma (Números 30:2), y nuestra alma necesita ser libre para amar al Señor (Mateo 22:37). Estas organizaciones tienen un efecto en el alma aún después de que uno se haya retirado. Es necesario que los lazos del alma sean quebrantados y que se renuncie a estas organizaciones.
- Esclavo de uno mismo: Se nos dice que nos neguemos a nosotros mismos (Marcos 8:34). A

fin de liberarnos de nosotros mismos, debemos poner nuestra atención en Jesús: "Ya no vivo yo, mas vive Cristo en mí" (Gálatas 2:20). Esta esclavitud a uno mismo se manifiesta en egoísmo y obsesión con uno mismo. Los espíritus del "yo" comprenden: consciencia de uno mismo, amor a sí mismo, autocondenación, autocompasión, inseguridad, autorecompensa, autoengaño, autorechazo, autodefensa, masoquismo, autodependencia, alabanza a sí mismo, autodestrucción, egoísmo, mojigatería y autodesprecio.

NOTAS

CAPÍTULO 1: EL PLAN MAESTRO DE SATANÁS
PARA DESTRUIR LA HUMANIDAD

1. Reseña de *El extraño caso del Dr. Jekyll y el señor Hyde*, Barnes and Noble *www.barnesandnoble.com* (25 de mayo de 2015).
2. Chuck D. Pierce and Robert Heidler, *A Time to Prosper [Un tiempo para prosperar]* (Regal, 2013).
3. Pat Holliday, "Esquizofrenia", DemonBuster.com *www.demonbuster.com/schizophrenia.html* (25 de mayo de 2015).
4. Frank e Ida Mae Hammond, *Cerdos en la sala: Guía práctica para liberación* (Impact Christian Books, 2010).
5. Ibíd., p.140.
6. Albert Barnes, *Barnes' Notes on the Bible; Biblehub.com*, (25 de mayo de 2015).
7. John Gill, *John Gill's Exposition of the Entire Bible [La Exposición de la Biblia entera de John Gill]* (1746–63); *Biblehub.com*, (25 de mayo de 2015).
8. Dictionary.com, s.v. "excel" [destacar], *http://dictionary.reference.com/browse/excel* (26 de mayo de 2015).
9. Robert Jamieson, A. R. Fausset, y David Brown, *Comentario exegético y explicativo de la Biblia (Jerome B. Names & Co.)*, Biblehub.com, (25 de mayo de 2015).

CAPÍTULO 2: INCONSTANTE EN TODOS SUS CAMINOS

1. James Strong, *Concordancia Strong Exhaustiva de la Biblia*, s.v. "dipsuchos", *http://biblehub.com/greek/1374.htm* (27 de mayo de 2015).
2. Bruce E. Levine, "How Teenage Rebellion Has Become a Mental Illness" *[Cómo la rebeldía adolescente se ha vuelto una enfermedad mental]*, AlterNet, *www.alternet.org* (27 de mayo de 2015).
3. Chris N. Simpson, "Freedom From the Deep Hurts of Rejection" *[Liberación de las heridas profundas del rechazo]*, NewWineMedia.com, (23 de abril de 2015).
4. Se puede acceder a la lista a través del siguiente enlace: *http://media.wix.com/ugd/2f18f4_6d1aa88aeaa5afc409fcadf54bf3b7fc.pdf* (27 de mayo de 2015). Se ha hecho todo lo posible para encontrar al autor de este material.

5. Chew Weng Chee, *"The Absalom Spirit"* [El espíritu de Absalón], 25 de septiembre de 2011, Encouragement from the Word, http://tree-by-waters.blogspot.com/2011/09/absalom-spirit.html (27 de mayo de 2015).
6. Concordancia Strong, s.v. *"meshubah"*, http://biblehub.com/hebrew/4878.htm (27 de mayo de 2015).
7. Concordancia Strong, s.v. *"sarar"*, http://biblehub.com/hebrew/5637.htm (27 de mayo de 2015).
8. Concordancia Strong, s.v. *"shobab"*, http://biblehub.com/hebrew/7726.htm (27 de mayo de 2015); s.v. *"shub"*, http://biblehub.com/hebrew/7725.htm (27 de mayo de 2015); s.v. *"shobeb"*, http://biblehub.com/hebrew/7728.htm (27 de mayo de 2015).
9. Concordancia Strong, s.v. *"maad"*, http://biblehub.com/hebrew/4571.htm (27 de mayo de 2015).
10. Concordancia Strong, s.v. *"stereóma"*, http://biblehub.com/greek/4733.htm (27 de mayo de 2015); s.v. *"stereoó"*, http://biblehub.com/greek/4732.htm (27 de mayo de 2015); s.v. *"stérigmos"*, http://biblehub.com/greek/4740.htm (27 de mayo de 2015); s.v. *"stérizó"*, http://biblehub.com/greek/4741.htm (27 de mayo de 2015).

Capítulo 3: Atrapado entre dos pensamientos

1. John W. Ritenbaugh, *"Knowing God: Bible Verses About Wavering"* [Conocer a Dios: Versículos de la Biblia sobre la indecisión], Forerunner Commentary, www.bibletools.org (21 de abril de 2015).
2. Oxforddictionaries.com, s.v. *"steadfast"* [firme], www.oxforddictionaries .com (27 de mayo de 2015); Freedictionary.com, s.v. *"steadfast"* [firme], www.thefreedictionary. (27 de mayo de 2015).
3. Karl Lohman, *"Groves"* [Estatuas], LearntheBible.com, http://www.learnthebible.org/groves.html (23 de abril de 2015); Richard Ing, Guerra espiritual (Whitaker House, 1996), p. 38–39 de la edición en inglés, http://www.scribd.com/doc/51810686/Spiritual-Warfare (23 de abril de 2015).
4. Hammond, Cerdos en la sala.
5. Ing, Guerra espiritual, p. 49–50.
6. Bruce McConkie, Doctrinal New Testament Commentary [Comentario doctrinal del Nuevo Testamento], 3:248; también vea La Iglesia de Jesucristo de los Santos de los últimos días, *"1 Kings 12–16: A Kingdom Divided against Itself"* [1 Reyes 12-16: Un reino dividido contra sí mismo], El Antiguo Testamento Manual para el alumno Kings–Malachi (1982), p. 41–50, www.lds.org (25 de mayo de 2015).
7. La Iglesia de Jesucristo de los Santos de los últimos días, *"1 Kings 12–16: A Kingdom Divided against Itself"* [1 Reyes 12-16: Un reino dividido contra sí mismo], El Antiguo Testamento Manual para el

alumno Kings–Malachi (1982), p. 41–50, www.lds.org (25 de mayo de 2015)

Capítulo 4: La puerta del enemigo

1. Win Worley, *Rooting Out Rejection and Hidden Bitterness [Cómo erradicar el rechazo y la amargura escondida] (WRW Publications LTD, 1991).* Consultado en línea en *http://21stcenturysaints.com (27 de mayo de 2015).*
2. *Freedictionary.com, s.v. "megalomania" [megalomanía], http://www. thefreedictionary.com/megalomania (27 de mayo de 2015).*
3. Noel y Phyl Gibson, *Excuse Me, Your Rejection Is Showing [Perdone, su rechazo es evidente] (Sovereign World Ltd.); John Eckhardt, El pacto de Dios con usted para su rescate y liberación (Casa Creación).*

Capítulo 5: Como pecado de adivinación

1. Derek Prince, *The Seeking of Control [La búsqueda de control], www.scribd.com (29 de abril de 2014).*
2. *The Free Dictionary.com, s.v. "control" [control], http://www. thefreedictionary.com/control (26 de mayo de 2015).*
3. *Hissheep.org, "A Controlling Spirit—Poison in the Pot" [Un espíritu controlador: veneno en la olla], www.hissheep.org (27 de mayo de 2015).*
4. *Freedictionary.com, s.v. "possessive" [posesividad], http://www. thefreedictionary.com/possessive (27 de mayo de 2015).*
5. *Concordancia Strong, s.v. "marah", http://biblehub.com/hebrew/4784. htm (27 de mayo de 2015).*

Capítulo 6: Aquello que contamina

1. *Concordancia Strong, s.v. "marah", http://biblehub.com/hebrew/4784. htm (27 de mayo de 2015).*
2. Practical teachings and studies from the Word of God, *"Root of Bitterness" [Enseñanzas y estudios prácticos sobre la Palabra de Dios, "La raíz de amargura"], GreatBibleStudy.com, (25 de mayo de 2015).*
3. David L. Cooper, *"Rules of Interpretation: The Law of First Mention" [Reglas de interpretación: La ley de la primera mención], Biblical Research Monthly [Estudios bíblicos mensuales] 1947, 1949, http:// www.biblicalresearch.info/page56.html (25 de mayo de 2015).*
4. *Blueletterbible.org, s.v. "Esau" [Esaú], www.blueletterbible.org (2 de julio de 2015).*

Capítulo 7: Perdone y sea sanado

1. Se ha adaptado información sobre las raíces de enfermedades espirituales de Life Application Ministries, *"Are Some Diseases a Spiritual Condition?" [¿Son algunas enfermedades una condición spiritual?], http://www.lifeapplicationministries.org/root.htm (25 de*

mayo de 2015); Henry Wright, "Spiritually Rooted Diseases" [Las raíces espirituales de las enfermedades], Free Republic, 19 de enero de 2010, http://www.freerepublic.com/focus/f-religion/2432288/posts (25 de mayo de 2015).

2. *Wright, "Spiritually Rooted Diseases" [Las raíces espirituales de las enfermedades].*

3. *Una gran fuente que muestra la relación entre las cuestiones emocionales y psicológicas, y las enfermedades autoinmunes es un artículo de Gail Berger: "Autoimmune Disease & Histories of Stress" [Enfermedades autoinmunes e historias de estrés], http://www .nature-nurture.org/index.php/chronic-stress/chronic-stress-human/ histories-autoimmune/ (25 de mayo de 2015).*

4. *Medline Plus, "Autoimmune Disorders" [Trastornos autoinmunes], 16 de julio de 2013, www.nlm.nih.gov (25 de mayo de 2015).*

5. *Wright, "Spiritually Rooted Diseases" [Las raíces espirituales de las enfermedades].*

6. *Ibíd.*

7. *WebMD, "Diabetes Overview" [Una visión general sobre la diabetes], www.webmd.com (25 de mayo de 2015).*

8. *PubMed Health, "Psychological and Social Issues: Emotional and Behavioural Problems" [Cuestiones psicológicas y sociales: Problemas emocionales y conductuales], 2004, www.ncbi.nlm.nih.gov (27 de mayo de 2015).*

9. *Wright, "Spiritually Rooted Diseases" [Las raíces espirituales de las enfermedades].*

10. *Ibíd.*

11. *The Body of Christ Deliverance Ministry, "The Roots of Disease: General Overview" [Las raíces de las enfermedades: Una visión general], www.thebocdm.com (25 de mayo de 2015).*

12. *Ibíd.*

13. *Wright, "Spiritually Rooted Diseases" [Las raíces espirituales de las enfermedades].*

14. *Ibíd.*

15. *Concordancia Strong, s.v. "Marah" [Mara], http://biblehub.com/ hebrew/4785.htm (25 de mayo de 2015).*

16. *Concordancia Strong, s.v. "marah" [mara], http://biblehub.com/ hebrew/4784.htm (25 de mayo de 2015).*

Capítulo 8: Divida y conquiste

1. *Gene Moody, Deliverance Manual [Manual de liberación] (Deliverance Ministries), versión digital, http://www.genemoody.com/ assets/001-moody-deliverance-manual-p.i-p60.pdf (27 de mayo de 2015).*

2. Frank Hammond, *"Schizophrenia" [Esquizofrenia], LHBCOnline.com, http://lhbconline.com/frank-ida-mae-hammond/ (2 de julio de 2015).*
3. Gene y Earline Moody, *"Deliverance Manual: Schizophrenia", DemonBuster.com, www.demonbuster.com.*
4. Frank e Ida Mae Hammond, *Cerdos en la sala (Impact Christian Books, 1973).*
5. *Merriam-Webster's Collegiate Dictionary,* 11ª *edición (Merriam-Webster Incorporated, 2003), s.v. "bind" [atar].*
6. *Merriam-Webster Online, s.v. "trauma" [trauma], www.merriam-webster.com/dictionary/trauma (27 de mayo de 2015).*
7. *Concordancia Strong, s.v. "pharmakeia", http://biblehub.com/greek/5331.htm (27 de mayo de 2015).*

CAPÍTULO 10: CONVIÉRTASE EN EL CREYENTE DEL SALMO 112

1. *Freedictionary.com, s.v. "single-minded" [decidido], www.thefreedictionary.com/single-minded (27 de mayo de 2015).*
2. *Blueletterbible.org, s.v. "haplous", www.blueletterbible.org (27 de mayo de 2015).*

APÉNDICE A: AUTOEVALUACIÓN SOBRE LIBERACIÓN

1. Hammond, *Cerdos en la sala.*

PRESENTAN:

Para vivir la Palabra

www.casacreacion.com

CASA CREACIÓN

Te invitamos a que visites nuestra página
web donde podrás apreciar la pasión por
la publicación de libros y Biblias:

www.casacreacion.com

 @CASACREACION

 @CASACREACION

 @CASACREACION

Para vivir la Palabra